SYLVAIN ALLEMAND

Comment je suis devenu

Géographe

私はどうして地理学者になったのか

フランス地理学者からのメッセージ

シルヴァン・アルマン【編】
荒又 美陽／立見 淳哉【訳】

学文社

目次

はじめに　1
学問分野の確立　専門家か実践家の地理学者

1　ロジェ・ブリュネ（*Roger Brunet*）　13
コレマティックの発明　ブルーバナナ　応用地理学　新しい世界地理　反世界（antimonde）の探求　学術誌の創刊　新しい種類の研究所：GIPルクリュ
コラム：峠のコレーム／アナトール・フランスの肖像（T-A・スタンレン）

2　ポール・クラヴァル（*Paul Claval*）　31
市場の理論　経済地理学への新しいアプローチ　交換機としての都市　文化地理学の構築
コラム：情報の地理学的役割／水彩画「アルコ谷の風景」（デューラー）

3　アルマン・フレモン（*Armand Frémont*）　51
ノルマンディー、調査の実験室として　生きる空間（espace vécu）という概念　行動に結びつく地理学
コラム：生きる空間／『ボヴァリー夫人』（フロベール）

4　オギュスタン・ベルク（*Augustin Berque*）　71

風景（paysages）への独創的なアプローチ

コラム：メディアンス〔風土性〕とメゾロジー〔風土性研究〕／402年ごろにつくられた陶淵明の詩

5　イヴェット・ヴェレ（*Yvette Veyret*）　89

自然地理学と人文地理学の対話　リスクの地理学から……持続可能な開発へ

コラム：環境（environnement）の概念／ブリューゲル（父）の作品

6　アントワーヌ・バイイ（*Antoine Bailly*）　105

計量地理学への貢献　地理学への新しいアプローチ、表象へのそれについて　医療測定（médicométrie）の創造　応用地理学

コラム：表象／『デルボランス』（C・F・ラミュ）

7　ドゥニーズ・ピュマン（*Denise Pumain*）　125

理論地理学と計量地理学　都市間ネットワークから都市間システムへ　『サイバージオ』の創刊

コラム：都市間システム（systéme de villes）／『V.』と『重力の虹』、トマス・ピンチョンの小説

8　レミー・クナフ（***Rémy Knafou***）　143

地理学教授資格試験《アグレガシオン》の改革　地理学国際フェスティヴァル（ＦＩＧ）の創設　ＭＩＴの創設
ツーリズムへの刷新されたアプローチ　コラム：場所の契機（moment）／『旅行』（E・フィンケル）

9　ジャン＝ロベール・ピット（***Jean-Robert Pitte***）　163

時代を超えた風景の変化の研究　味覚を通じた文化研究　ある歴史地理学
コラム：日本の発見／『味覚の形相学、あるいは、卓越したガストロノミーの瞑想』（A・ブリア＝サヴァラン）

10　ジャック・レヴィ（***Jacques Lévy***）　181

『時空（*Espaces Temps*）』誌の創刊　政治的なものを考慮に入れる地理学　都市におけるひ
とりの地理学者　社会としての世界　ヨーロッパとそのアイデンティティ
コラム：メトリック─視点の問題／『見えない都市』（I・カルヴィーノ）

11　ジャン＝フランソワ・スタザック（***Jean-François Staszak***）　201

地理学の認識論と歴史　経済地理学の刷新　ゴーギャン、想像界（imaginaire）の地理学
英語圏の地理学入門　コラム：自己実現的予言の理論／『エキゾチック・アドヴェンチャー』50年代

12　ヴァレリー・ジュレゾー（*Valérie Gelézeau*）　219
未踏の研究テーマ：韓国の高層住宅　　間文化的で学問分野を越えたアプローチ
コラム：ピナ・バウシュの振り付け
訳者解題に代えて　234
訳者あとがき　241

本書に関連するフランスの地名

翻訳にあたって

1　本書は、12名の地理学者のインタビューから構成されているため、本書の大部分であるインタビューの語り文は敬体を用いて訳出した。一方、「はじめに」および一部コラム（原著で引用符が用いられていない箇所）は本書の編者によるものと解釈し、常体で訳出している。

2　原著において（　）で示されている箇所および機関名等の単純な言い換えは（　）で、訳者による補足は〔　〕で示した。

3　話題の中に登場するフランスの地理学者らについては日本語訳のあるものはできるかぎり紹介できるよう脚注等に記した。名前のみの登場であったり、ごく著名人であったりする場合には、割愛したものもある。

4　読者への便宜のため、フランス独自の教育制度や、社会状況などについては、脚注にて補足説明を加え、登場するフランス国内の地名・地域などはv頁に地図を挿入して示した。

5　3、4の脚注での補足については、複数の章に登場する場合には、学習者の便宜のため、どの章から読み進めてもよいように、本文中にどの章に該当注があるかを示した。

はじめに

語源学的には、地理学（géographie）は、geôgrapheinというギリシャ語からきており、大地を描く、あるいは表現することを意味する。つまり地理学者は、地球の表面に存在するものを（地図か記述という手段で）説明する人である。世界で最も古い仕事だということもできる。実際、時代をどんなにさかのぼっても、自然地理学（地形や気候）や人文地理学（人間と環境との関係）と同じ方法で自分が観察したことを報告する人々を見つけることができる。それでも学問分野として確立していなかったために、それらの観察者たちが地理学者とみなされることはなかった。彼らはあとから時代をさかのぼって地理学者、先駆者、あるいは創始の父と再認定されたのである。たとえばペルシャ帝国のなかでアテネの指導者に雇われていた、スパイのはしりであるヘロドトス（紀元前484－420）について、地政学の専門家のイヴ・ラコスト[1]は最初の本物の地理学者とみなしている。

とはいえ、地理学者を仕事あるいは職業とみなすことが意味をもつのは18世紀になってからである。地理学者という言葉自体の使用はかなり時代をさかのぼれるが、それは原則として地図製作（カルト

1　フランスの政治地理学者。『ヘロドトス（*Hérodote*）』誌を創刊。訳書に『低開発諸国』（野田早苗訳、白水社、1962年）、『フランス　その国土と人々』（共著）（高橋伸夫訳、帝国書院、1974年）、『ラルース地図で見る国際関係：現代の地政学：ヴィジュアル版』（大塚宏子訳、原書房、2011年）。

グラフィー・この語は19世紀の終わりになって初めて現れる）の技術をもった人々に限定されていた。現在でも、地理学者といえばすぐに地図製作者だと思ってしまう。しかし、すべての地理学者が地図製作によって自分を表現するわけではない。この分野が苦手であることを隠さない地理学者さえいる。

それでもやはり、長い間、地理学的知識を地図化することは彼らの戦略的手段となっていた。このために地理学者は伝統的に政治的・軍事的権力と近接関係をもち続けた。それは近年まで続いた現実で、少なくともフランスでは2万5千分の1や5万分の1の有名な地図を作っている国立地理学協会（IGN）の前身は、まさに軍の地理学部局なのである。

だが同時に、ラコストの有名な著作のタイトル[2]を改変するなら、地理学は戦争にのみ利用されたのではない。彼が『地政学事典』のなかで指摘しているように、地理学者の役割は大きな探検や植民地の拡大においてより決定的であったのだ。「領域をまとめあげる新しい形態を提示すると同時に、とくに医療地理の分野で資源や危険物質を見つけることでエキゾティックな地理的環境を価値づけする手法を提案するために」そこに加わっていたからだ。

アンシャン・レジームにおいては、王は「自分の」地理学者を配置している。王の通常の技術者や地理学者、野営地と軍のための技術者兼地理学者、王国の全体図の取りまとめの責任を負う人々、王の測量者兼地理学者である。彼らの能力に頼るのは為政者だけではなかった。長距離航海に携わる大貿易会社も商業ルートの地図的な表現のために彼らに頼っていた。

2　イヴ・ラコストの著作、『地理学、それはまず戦争をするのに役立つ』（1976年）を指している。

カナダの地理学教授のアン・ゴドルスカは18世紀において地理学者である方法を四つに区分している。(1) 王の地理学者という称号のあるなしにかかわらず、研究や観察の成果（地図、本）を報酬を介して譲渡する独立した仕方で生活する人々。（おもにイエズス会の寄宿学校と技術学校で）教える人々。実務的な地理学者、技術者や数学者。最後に、軍事的な地理学者である。

こうしたプロフィールの多様性は長く続いた。19世紀には、地理学者は無頓着に探検家や旅行家、植物学者や自然学者、さらには鉱物学者の様相を帯びている。この百科全書的な文化に観察の感覚と旅行の技術が合わさった象徴的な人物として、あのドイツ人、フンボルト[3]がいる。彼はカール・リッターとともに、近代地理学の先駆者としてほかに考えられない人物である。1807年に出版された彼の『新大陸赤道地方紀行』[4]は、今日ひとが想像する地理学者の特徴的な様相をその後定着させることになる。同時に、旅行家の話や読書で集められた情報から研究するような、18世紀の「書斎の地理学者」の終わりをも定めた。人類学者の動向に影響を受けて、地理学者もフィールドの人となることを強いられた。クロッキー帳や船上日誌という手段で、地理学者は旅から貴重な情報をもたらす。結果として、19世紀の初め、地理学者は大旅行家と同一視された。フランス人のなかでは、エリゼ・ルクリュ[5]がいる。

3 アレクサンダー・フォン・フンボルト。近代地理学につながる大著を残した。
4 大野英二郎・荒木善太訳、岩波書店、2001～2003年。
5 アナキストであり、地理学者であった人物（1830-1905）。訳書としてエリゼ・ルクリュ、石川三四郎『アナキスト地人論―エリゼ・ルクリュの思想と生涯』（書肆心水、2013年）、『東アジア―清帝国、朝鮮、日本』、『北アフリカ　第二部―トリポリタニア、チュニジア、アルジェリア、モロッコ』（ルクリュの19世紀世界地理―第1期セレクション1、2）（柴田匡平訳、古今書院、2015年）など。

第二の『世界地理』の著者であり、それは大部分が彼自身のヨーロッパやアメリカへの旅を通じて集められた観察から編集されている。

地理学者の仕事を取り巻くこのあいまいさは、逆説的な状況に起因する。その重要性にもかかわらず、この学問分野はほとんど、あるいはわずかしか教えられておらず、アカデミックな世界で目立っていない。フランスでは、地理学協会は確かに1821年から存在しているが、多くの点で、それは森に隠された木か、不在である。エレーヌ・ブレとイザベル・ラブレが地理学的科学の出現について書いた[2]本のなかで触れているように、以前には地理学者を集める唯一の機関は戦争総合兵站部だったのであり、そこは「戦争と地理学の総合兵站部」（技術者である地理学者を育て、旅行家の知識人を集める任務を負う）に変えようとされたこともあったが、最終的には地図部に縮小された。1797年に、地理学者の学校が創設されたが、人が集まらなかったためにすぐに閉鎖された。1809年に創設された技術者地理学者帝国学校は、これも地形学者を養成するとみなされていた。

学問側の状況でも、地理学は長い間あまり目立たないことに苦しんできた。またブレとラブレを引用すると、1793年まで王立科学アカデミーは地理学の授業を全くもっていなかった。1785年から、地理学が見えるようになったとしたら、それは天文学者、植物学者や鉱物学者といった関連する知を体現する学者を通じてである。地理学は確かに、碑文・文芸アカデミーのような別の学問分野のなかに存在しているが、この散在は地理学者そのものを認識することを困難にしている。

教育の状況もより望ましいとはいえない。イエズス会の寄宿学校と技術学校を除けば、革命以前には地理学の授業を提供する機関はまれであった。1789年からこの学問分野は教育機関の刷新をめざす改革の恩恵を受けたが…革命のような話ではなかった。地理学協会の創設の年である1821年に、地理学は小学校4年生《ウィッティエーム》と5年生《セッティエーム》[6]でしか教えられていなかった。その間、コレージュ・ド・フランスに地理学講座を作るというナポレオンの計画は流れてしまった。

説明として、ブレとラブレは自然科学あるいは数学であると同時に人文科学であるという発現時からのこの学問分野の特徴を強調する。教育における地理学の不在は、「おそらく、無意識の欠落というのではなく、その流動的な地位が懐古的なカテゴリーに応じて分類したり記述したりしがちな人々に抗う、ハイブリッドで複数的な学問分野の歴史を扱う難しさを表している」という。

学問分野の確立

それでも19世紀に、小学校あるいは高校において、地理学の最初の教育が始まった時に決定的な転機があった。フランスでは、1870年のプロイセンに対する敗北ののち、ジュール・シモン大臣が校長たちに小学校から歴史地理の教育を行うように命じた1872年10月1日の通達をもってその教育が始まる（プログラムも決まっていなかったが！）。共和主義者は当時、国の地理（と歴史）の教育は、一つの同じ国民への帰属意識を強化しうると考えたのである。

次第に、地理学は教員を養成するために高等教育機関を備えるようになり、ほかと同じ一つの学問

6　フランスの中等教育の学年は、バカロレアを受ける最終学年の下の学年を第一学年、その下を第二学年というように数える。ここでは便宜的に現在のフランスの学校制度（小学校が5年間、中学校が4年間、高校が3年間）に合わせ、第八学年を小学校4年生とした。

分野を構成し、歴史学と区別されることが（ほとんど）可能になる（現在でも、地理教育は歴史学と結びつけられており、地理の教員の増加は歴史の教員教育課程によっている）。1890年に、フランスで地理学の初めての正教授職がソルボンヌにおいて誕生する。地理学に特化した機関が1920年代にパリのサン・ジャック通り191番地に建設される。1940年に、地理学の教育学士が部分的に歴史学から「分離」される。2年後、アンドレ・ショレ[7]が最初の『地理学の学生ガイド』（PUF）を出版する。1944年、地理学者は独自の教授資格試験《アグレガシオン》[8]を備える。その後、地理学者は認められて、もはや歴史学の教授資格試験《アグレガシオン》を受験することはなく、ヴィダル・ド・ラ・ブラーシュ[9]のように歴史学の博士論文の口頭試問を受けることもないのである。

ヴィダルからはとりわけ『地理学年報（*Annales de la géographie*）』（1891年）の創刊、『世界全図』（1895年）、『世界地理』、さらにあの「ラブラーシュ」地図の出版という恩恵を被っている。フランスの地理学者は、ともかく地理学のフランス学派の創設の父を誇りにできる。事実としては、彼のおかげでこの学問分野はアカデミックな分野にしっかりと参入し、社会の他の領域においても知られているのである。

当初、大学に設置された地理学の課程は学生を惹きつけるのに苦労した。地理学を擁護し、説明す

7　フランスの地理学者。訳書に『地理学の方法論的省察』（山本正三ほか訳、大明堂、1967年）。
8　アグレガシオン：高校《リセ》及び大学などの高等教育機関で教えるための教授資格。
9　ポール・ヴィダル・ド・ラ・ブラーシュ（1845–1918）。訳書に『人文地理學』（山口貞夫訳、古今書院、1933年）、『人文地理学原理』（飯塚浩二訳、岩波書店、文庫・青・上下巻、1970年）。

るなかで、クロード・バタイヨン（『地理学のために』Flammarion, 1999）は、都市地理学の専門家である地理学者ラウール・ブランシャールが20世紀初めのグルノーブル大学で、どのように若い聴講者と若い司祭（！）のなかから最初の学生を獲得しはじめたかを指摘する。また彼が地図や写真や岩を保管する納屋と屋根裏の数十平米を確保するためには激しい戦いがあった。

学問体系における地理学のこのように明らかな周辺性は、地理学者がネットワークを形成するように促すことになる。「庶民であろうが地方民であろうが、20世紀前半の地理学者は厳密な学問の教員という形で集団に組織されている。早々に、そして一貫するという意思をもって、彼らは協力的な組織や学問的な団体を作ると同時に、集団的な実践にも取り組む」（バタイヨン）。そのなかには、大学の教員とよくできる学生たちを集めた、大学の枠を超えた巡検もあり、エマニュエル・ド・マルトンヌは1905年にブルターニュで初めてそれを組織する。それは一つの共同体に属しているという感覚を作り出すのに寄与する実践であり、他のどの学問分野よりも強く、また他の国々よりもフランスで強かったものである。

1871年にアントワープで初めての国際地理学会議が行われる。1922年には国際地理学連合（IGU）が創設される。国籍の違う地理学者の間の情報交換はその職業意識を強固にするのに貢献した。とはいえ今日でも、それぞれの国でそれぞれの組織をもった地理学が特有の問題をもっている。固有の研究の発展と共同研究体制を作り出しながら、フランスの地理学者はドイツの同業者を除けばほかに比較するもののない地位を獲得した。他の国では、アメリカ合衆国がそうであるように、大学のなかに地理学部をほとんどもっていない。そこでは地理学者である前にまず都市その他の対象の専門家なのである。

20世紀の前半まで、地理学者以外の多くの人々が地理学的知を生み出し続けている。探検家や旅行家、植民地行政官、知識人や技術者である。しかし、地理学教育の制度化は結果として、国家のために働くこの地理学者たち、ジュルダン氏（モリエール『町人貴族』の登場人物）が散文を書くように地理学を行うこれらの地理学者を、背後へと追いやってしまうことになる。エリゼ・ルクリュが陰に隠れたままであるのは、彼のアナキスト的な考えのためだけではなく、彼だけで終わったことでもないのだ。大学人の目には、彼はアカデミックな知の正典にはなりえない地理学を体現している。一般の人々、あるいは一般誌（Géoやナショナル・ジオグラフィック）の表象のなかで地理学者を旅行者と同一視する傾向が意味をもつとすれば、この同一視はジャック・レヴィの定式に倣えば、「原地理学(protogéographie)」により依存していることになる。

専門家か実践家の地理学者

専門家あるいは実践家としては、どのくらいの地理学者がいるのだろうか。『地理学者目録』(Prodig/CNRS編、2007年版）は、現役と退職者を含め、フランスで約2000人（の地理学者）をあげている。常に変わる数字であり、次のような人々を含んでいる。高等教育のポストについている教育・研究者。(3) 公的組織（CNRS（国立科学研究センター）、IRD（開発研究協会）、EHESS（社会科学高等研究院）、EPHE（高等研究実習院）、国立地理科学校の学位を受けたIGN技術者）における研究者・地理学者。民間や地方自治体、国の機関（Diact（地域整備・競争力省庁連絡委員会）、整備開発部局（DDE）、農業部局（DDA））、あるいは整備や都市計画において専門化された機関で働く職業的・実践的地理学者。最後に、それぞれの役割において、地理学的な研究に貢献する人々（図書館の司書や資料館の専門職員）。そこにさらには地歴の教員も加えることができるだろう。ただ、全員が必ずしも地理学の教育課程を経たのではない。（フランスでは少なくとも三分の二が歴史学を専攻している。）

学生数は、こちらは学部の最初の3学年において1万2千人くらい（2005年度）、他の社会科学分野（心理学は5万人近く、歴史学は3万6千人、社会学は1万7千人）よりも見積もりは明らかに少ない。全員が地理学者になるわけではない。しかし、他よりも課程の職業化を強調されているために、また環境や持続可能な開発といったことへの関心の高まりもあって、出口は広がった。カルトグラフィーの知識だけではないとすれば、評価されたのは現代の課題を地域的な文脈で、また領域の特殊性を考慮して読み解く地理学者の能力である。

情報革命は、新しい地理学と呼ばれるものの始まりとなった。新しい道具（GIS、地理情報システム）の出現を促し、たとえば地理数学者のような新しい専門家が生まれた。研究室や地方自治体や企業において、ジオ・マーケティングのアプローチからの開発という文脈で彼らは働いている。

同様に興味深いのは、地理学に特化した事典が初めから例外なく「地理学者」という言葉を採用しているわけではないことである。採用されている時には、提案されている定義は地理学者のなかの教員／研究者／実践家の間の区別か、研究対象に集中している。逆に、地理学者になるきっかけにはほとんど触れられていない。

この本の方針は、「私はどのように○○になったか」シリーズ[10]の精神で、まず彼らがどのように地理学を志すようになったのかを現在の地理学を形作っている人々に語らせることである。ここには全員で12人の地理学者がいる。代表的な見本を構成しているわけではないが（全員が研究者で教員である）、彼らは地理学的な研究の道程の多様性を示してくれる。

最初の驚きは、地理学をまっすぐにめざした人がまれなことである。地理学者は、大部分が消去法かより良いものがなくて、状況に合わせて地理学者になったのである。謙遜が過ぎるのか、長い間評価されなかった、あるいはとっつきにくいと思われていた学問分野への関心を自慢することへの単純なためらいなのか。彼らのなかの一人がそう示唆している。読者の判断に任せたい。

学生時代は極端に多様であるものの、同世代の地理学者同士、また世代から世代へも同様に、繰り返し現れることがある。まずは、開放的であるだけではなく、世界の複雑さを知るのに適している地理学が好きだということである。地理学者が決定論を証明しようとするとしても、それは気候や土壌といった、人々が地理学的現実と思わず結びつけてしまうものをより相対化するためである。

数年前にはまだ多くの人がこの学問分野は危機に直面していると考えていた。一般社会の議論において十分な情報がないためでもあれば、自然地理学と人文地理学の支持者の間のうずくような対立によるものでもあれば、計量地理学とまず表象に重きを置く質的な地理学の間の対立によるものでもあった。

10 同じタイトルで「化学者」「経済学者」「民族学者」「地理数学者」などがある。

本書の12人の地理学者の話を聞くと、危機は過去のものだと思われる。この逆転をどう説明するのか。世代交代だろうか。それは上の世代がこの学問分野の刷新に貢献し、新しい分野の開墾に現在まで常にかかわっており、若い地理学者のために役割を果たしていることを正当に評価しない考えだろう。別の仮説はこうである。メディア上でより多く取り上げられたことで、地理学者が学会の内部の対立よりも国内の人々の関心により敏感になった。今現在起きていることにすぐに対応するように地理学者に求めるという反応がより一般的になっているといえるなら、今のところ、歴史学者や経済学者がより目立っている状況を地理学がひっくり返すことがないとはいえない。

インタビューをした地理学者の多くが、この危機からの脱出を説明する鍵をくれている。1990年にサン・ディエ・デ・ヴォージュで創設された地理学国際フェスティヴァル（FIG）は、毎年、彼らが再会し、学問の分野において並ぶもののない共同体に属していることを証明する機会を与えている。さらに、現代社会は、向き合わなければならない問題の空間的、あるいは領域的な次元により重要性を見出す傾向がある。それは卓越した非地理学者、社会学者のアラン・トゥレーヌも、キースピーカーになったFIGの企画の際にそういう見方を提示した。(4)

自分が地理学に向かった背景とこの学問分野の見方のほかに、本書のそれぞれの地理学者は自分のキャリアと、自分の学問分野への（概念的、理論的、あるいは組織的な）貢献と、影響を受けた人物について語っている。大事なことを言い残したが、最後に、それぞれの地理学者に自分にとって地理学的な観点から意味をもつ芸術的な作品（音楽、絵画、映画、文学など）を紹介してくれるようにお願いした。地理学者であるために、他の分野に関心をもたないことはないのだと改めて考えさせられる話である。

原注

（1）A.-M.-C. Godlewska, *Geography Unbound. French Geographic Science From Cassini to Humboldt*, University of Chicago Press, 1999.

（2）H. Blais et I. Laboulais (dir), *Géographies plurielles. Les sciences géographiques au moment de l'émergence des sciences humaines*（*1750–1850*）, L'Harmattan, 2006.

（3）大学教授、准教授、グランド・ゼコールの準備学級や教員養成機関における教授資格《アグレガシオン》をもった教授、研究員、助教、アドバイザー、講師。

（4）A. Toulaine, in R. Knafou (dir), *La Planète «nomade». Les mobilités géographiques d'aujourd'hui*, Belin, 1998, réédité en 2003.

1

ロジェ・ブリュネ

Roger Brunet

領域を分析して基本構造を明らかにするのに加え、アクターの働きを明らかにすることが、このフランス地理学の大立者の一人の二大関心であった。コレマティックから世界地理まで、GIP ルクリュ、『地理空間』や『地球図』を経由して、この「アントレプレナー的」地理学者の地理学刷新への貢献は数多い。

1931

トゥールーズに生まれる

1953

教授資格試験（アグレガシオン）

1965

博士論文口頭試問

1957 - 1966

トゥールーズ大学で教鞭

1966 - 1976

ランス大学教授、ランス地理学協会長

1972

『地理空間（*L'Espace géographique*）』の創刊

1975 - 1981

CNRS（国立科学研究センター）の指導教授、
人文科学資料センター及び

インタージオ（Intergéo）研究所所長

1984 - 1991

ルクリュ公共の利益研究所
（GIP ルクリュ）創設・所長

1986

『地球図（*Mappemonde*）』の共同創刊

きっかけ

子どものころ、私は国や都市やその名前に非常に関心がありました。地図を書くのも好きでした。国を作ったりもしましたよ！　私の両親はあまり豊かではありませんでした（父は郵便配達人で、母は働いていませんでした）。家には本はありませんでした。偶然、村の老婦人が大きな書庫を持っていました。彼女は私に本を貸してくれました。6歳から、私は冒険小説や探検小説なら、端から全部を読みました。それは私の想像力に栄養を与えました。それでも、私はそこから地理学者になったとは言いません。若いころは、私は地理学者とは違う職業を考えていました。エンジニアや建築家といった、建設にかかわる職業です。

学校では、非宗教的で平等に門戸を開いた社会的上昇の可能性の恩恵を受けたのと同時に、そこに限界も感じていました。中学校でラテン語を勉強しなかったということで、たとえば、歴史学を勉強する道は遠のきました。建築の授業はありましたが、高価で散漫なものでした。私は文学部に入らざるを得ず、そこではもはや地理学と現代文学からしか選べませんでした。それで前者を選んだのです。

そこには雷に打たれるようなことはありませんでした。この学問分野への関心は、学部の最終年までありませんでした。その時、トゥールーズ大学のフランソワ・タイユフェルの授業を受けたのです。彼は科学的な手法で地理学を実践しており、私はそれによって他の教育はより受け入れ難く思うようになりました。

地理学の研究に入ると、教授になることは明確な出口となりました。私はいろいろなアルバイトをして勉強をする資金を稼ぎました。補習の授業をしたり、図面を売ったりしたのです。

学部の終わりの年に、河川森林局がタイユフェルに地域の氷河の研究を提案しました。候補者が博士論文のために辞退したため、彼は私にそれを託しました。私は氷河の地形学を猛勉強し、標高2千600メートルにあるEDF（フランス電力公社）の現場で、スペイン人の典型的な農民と一緒に、ガイドとして一か月過ごすことになりました。それはわくわくするものでした。私は3年間連続して、そこに行きました。それはちょっとした収入になって、教授資格試験《アグレガシオン》の準備をすることができました。

学生時代

修士論文の選択はそこから必然的に出てきました。タイユフェルとともに、私は地形学のテーマを選びました。テールフォールの山脈についてでした。それは非連続性をもった現象についての私の最初の考えを鍛える機会となりました。修士論文ができると、タイユフェルは私にすぐに論文を『フランス地理学会誌（*Bulletin de l'Association de géographes français*）』に発表させました。最初の論文です！　1953年、私は22歳でした。

修士の後すぐに、私は教授資格《アグレガシオン》の試験勉強をしました。挑戦は重大事でした。うまくいけば、残りの人生で私は救われるのです！　幸運なことに、最初の挑戦で受け入れられ、しかも首席でした。よく勉強したのも事実ですが、私は他都市の受験生とも連絡を取っていたのです。

教授資格《アグレガシオン》を得ると、中等教育で満足するか、心をとらえることをするためにそれを利用するかです。

私は後者を選びました。確かに、高校で教える義務もありましたが、短かったのです。兵役に行かなければなりませんでしたし、おまけに私はチュニジア戦線における1955年の最初の「召集者」だったからです。その間にリン酸カルシウム鉱で働く機会を得られたとはいえ、2年の浪費でした。戻ると、タイユフェルはトゥールーズ大学の研究リーダーのポストを私に見つけてくれました。

教授資格試験《アグレガシオン》に続いて、パリの大学の教授たち、とくに有名な地形学者のピエール・ビロが、私に一緒に博士論文を書くように言ってきました。しかし、私はもう地形学をやりたくありませんでした。それはいっそう頭の中の遊戯に属するとわかったからです。同時に、私は人文地理学の状態にがっかりしていました。そこで私は、当時大学でキャリアを積むために必要であったにもかかわらず、地形学の博士論文をあきらめました。タイユフェルはトゥールーズの農村で研究をするように言いました。彼は私を納得させました。それは南西部の農村の後進性は気まぐれな気候によるという固定観念に疑義を提示するよい機会でした！　私はマルクスに関する知識を動員して、社会関係の分析という方法で、そういわないままに社会地理学をやっていたのです。私は土地所有の状態の完全な表を作るために、コミューン〔フランスの基礎自治体〕の台帳を綿密に調査しました。こうして、私は〔南部の後進性について〕真の説明可能な要素は、所有者が地代をとり、再投資をしない分益小作に求められると示すことができました。同じころ、レイモン・デュグランはラングドック低地の都市についての博士論文を通じて似た現象を示していました。地理空間の社会的な動態性について強調することができたのですが、私がとくに興味深く思ったのは新規の来住者で、ここでは〔モロッコやチュニジアからの〕引揚者が地域の農業を根本から変革させているところでした。私はこうして〔この地域における引揚者のような」自覚的で組織化された起業家たちがもたらしえた変化を実験的に確認することができました。

しかし、教授資格《アグレガシオン》の資格があったのが良かったとわかっていても、博士論文の資格もとるというのは苦役でした。確かにそのおかげでフィールドワークができましたが、かなり時間がかかりました（当時7年で博士論文を書くというのは珍しくなかったのです）。私は助手、そして助教授の仕事をこなしながら博士論文を書きました。そこには地理学の別の側面、つまり私にとっては地形学にかかわる、補完的と呼ぶべき論文も含まれていました。人文地理学と自然地理学の不連続性を一つにするアイディアがあったからです。タイユフェルは全くためらいなく受け入れてくれました。

マルクス主義の亜流にある私の関心は、外的要因ではなく、内的革新の結果によって、自然が改変されることになるという現象に向いていました。自然地理学は多くの事例を供給していましたし（谷の変化について私が修士論文で書いたことのように）、人文地理学もそうです。たとえば、都市から離れると、境界で人の移動が分かれるという矛盾した現象を見ます。私の博士論文は、内部の緊張や矛盾の分析によって、非連続性をもつ現象の一般的な解釈を提案するものでした。ですから、原則的に、補完論文は主論文とパラレルをなしていて、主論文の印刷に必要な時間のなかで、3か月で書きました。

博士論文の印刷は、当時、費用が掛かるものでした。私のは700ページ以上あり、図版もたくさんありました。私は寄付を募り、うまくいきました。とくに職業団体が寄付してくれたのです。最も大きかった支援者はほかでもない、「飼葉と麦の協会」でした！

地理学への貢献

コレマティック（chorématique）の発明

博士論文の研究を通じて、私は空間が構造化され、規則的であると同時に分裂した主体であるということに気づきました。気づいたとはうまく言ったものです。トゥールーズの農村について研究しているとき、私は地質学や地形学の構造があることは知っていましたが、人文地理学における構造の存在は、せいぜいほとんど知覚できない違いに気づいていたとしても、まだ想像してはいませんでした。住民は非住民を外国人のように、外の領域は別の国のように話していました。しかし、この区別が現実の地理的断絶に基づいているときには、人はなぜそうするのかに気づきません。私は博士論文の行程を延ばし、学生たちに、修士論文の枠組みで、構造の要素を描かせながら、構造的な分析を試みるように提案しました。領域で観察したことを秩序立てて、軸、くぼみ、周縁などを見るのです。60年代の半ばごろでした。農業地区という概念が鍛えられたのはこの仕事の時でした。私はそれを『ピレネー・南西部地理研究（*La Revue géographique des Pyrénées et du Sud-Ouest*）』の特集号に論文を載せて発表しました。

続いて、私はランスで授業をし、そこで国単位、とくにヨーロッパの国単位の構造を分析しました。1972年に創刊した『地理空間（*L'Espace géographique*）』の最初のころから、ある領域の成り立ちについての説明モデルを提案していました。それはまず、空から降ってきたのではなく、人間の行動原理に対応しているのです。たとえば、都市に適用される引力（あるいは重力）の法則は、自然のそれの単純なアナロジーではありません。それは実践と判断力の観察によっています。巨大であればあるほど、近くにいればいるほど、引かれるのです。物理的な理由だけではなく、必要や「欲求」によっています。大都市に近いほど、一通りのサーヴィスの多様性に接することができるのです。こういうと、とるに足らないことに見えるかもしれません。しかし、都市の現象や空間の組織化においてはかぎとなるのです。

のちに、1980年に公刊した論文で、私は「コレマティック」というアプローチの基礎を提案しました。その間、私は人文科学について、とくにレヴィ＝ストロース（フランスの人類学者）にはじまる構造主義者の仕事について熟考することができました。レヴィ＝ストロースの村のモデルは私が示そうとしたことにまさに対応していました。コレームという概念自体、部分的には私が言語学や社会学を読むことから着想したものです。コレームは、意味素が言語に属しているものと同じように、他のものと結びついて景観を作り出す基礎的な構造です。私の感覚では、この構造やそれが提示する形態は人間の行動から来ています。中心からの放射状道路、都市の出口の三叉路、分岐など。それはすべての文明のなかに存在していますが、局地的に互いに結びついて、非常に多様な景観を存在させています。私が構造主義に向けられた基本的な（部分的にゆがんだ）批判からかなり距離を置いているのは、それによっています。その構成や形態は動態的で、変化や分断をもたらしさえします。

構造が変わるなら、それはそれを作ったアクターの行動のもとにあります。ですので私は文脈のなかで把握しつつアクターを研究します。それはフィールドワークを意味します。

構造、動態性、アクター、土地。それが私の地理学的現象へのアプローチにおいて不可欠の四つの

峠のコレーム

峠の外見と慣例的な表象

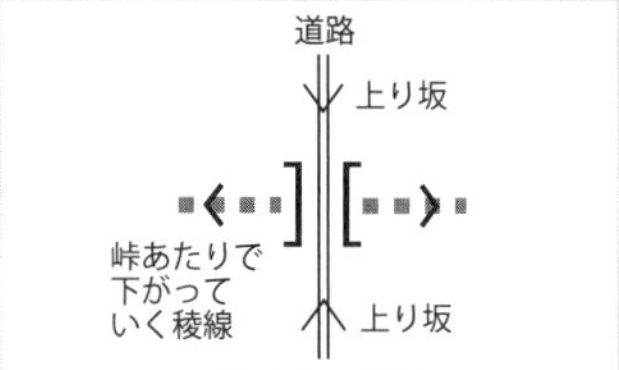

最小限の構造

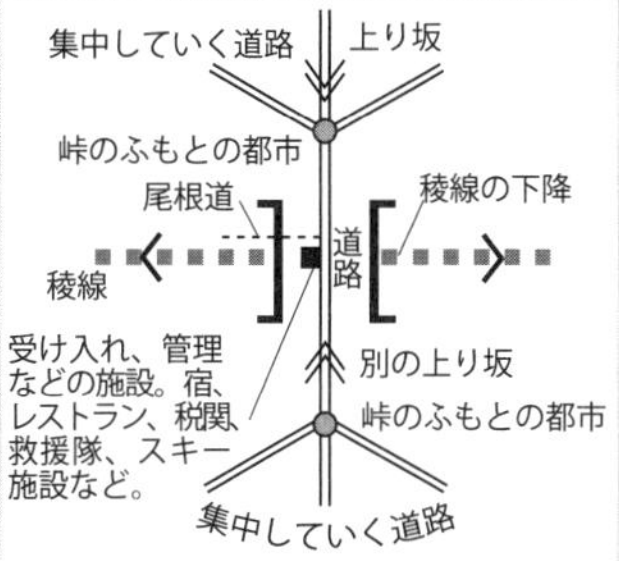

通例　峠に含まれているものすべて

峠は領域の基礎的な構造である。それは慣習的なピクトグラムでどこでも表現される。この単純な標識は必然的に基礎となる配置を示しており、構造が隠れている。さらに、それは一般的に別の地理学的な内容をもっている。

要素です。そういう意味では、私はブルデュー[1]のような考えに近いと感じます。なぜなら、詳しく見

1　ピエール・ブルデュー。フランスの社会学者。訳書に『ディスタンクシオン』（石井洋二郎訳、藤原書店、1990年）、『資本主義のハビトゥス』（原山哲訳、藤原書店、1993年）など多数。

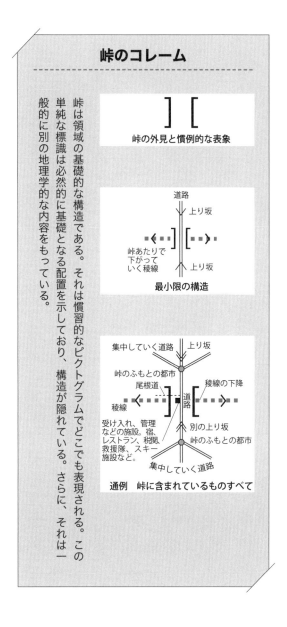

れば、彼の著作には構造、動態性、アクターへの注視が同時に存在しており、私はそこに土地を加えているのです。それでも、私はブルデュー主義ではありません。私は彼が調査の技法のなかで書いていることはすべて支持しないし、とくに彼は地理学者や地理学にはある種の軽蔑をしています。

教育者の間でのコレマティックの成功は、おそらく、別の場所では成功しない原因になりました。（個人的にはまずは、ルーティーンと理論嫌いが引き起こしたアレルギーのせいではないかと考えています）。教科書は利便性に流れてしまいかねず、根本的な分析と原則のない単純化を混同していました。別の人は、その抽象的な性格を非難していました。私の考えでは、コレマティックは具体性の分析道具であり、だから応用地理学にも役に立つのです。コレマティックは現実から切り離すことはできず、細部を越えて、より決定的なものを通じてコレマティックが持つものにおいて、現実を表現しようとします。コレマティックはすべてのスケールに適用でき、郡レベルやコミューンレベルにも適用できます。農村の整備者にも用いられれば、世界的な表象にも貢献しています。

ブルーバナナ

コレマティックは、ヨーロッパにおいて、さまざまな構造のなかでも、イタリア北部からイギリス南部まで続き、パリやイル・ド・フランスで傾斜した、広大な大都市の流れの存在を私に提示させました。すでに、１９７２年に『地理空間』で発表したフランスの構造についての論文のなかで、私はフランス東部において、パリ—マルセイユの軸を俯瞰する強い構造があるという仮説を立てていました。ＤＡＴＡＲ（国土整備地方開発局）に頼まれたヨーロッパ都市についての仕事の機会に、私はこの構造の存在を明らかにしました。結果はライン川の軸の堅固さを示すものでした。

大都市圏はブルーバナナの名前で人口に膾炙しました。名前には私は関わっていません！（バナナのイメージは当時国土整備大臣であったジャック・シェレクによるもので、色の選択は『ヌーヴェル・オプセルヴァトゥール』〔政治・社会を主なテーマとするフランスの一般誌〕のジャーナリストのものです。）大都市圏に位置するコミューンや州は、その領域の売り込みをしました。私の方では、それがヨーロッパで価値のある唯一の構造だとは決して考えていませんし、複数の公刊した文書でそれを証明しています。

応用地理学

私はいつも議員や市民団体や起業家の行動に役に立つ地理学を支持しています。ピレネーの氷河についての仕事を通じて、私はすでに応用地理学を実践していたのです。（氷河の変化がガスコーニュの丘の灌漑を危うくするかどうかを問題にしていました。）それから、私は経済展望の研究に参加しましたし、農村社会の援助者の養成の研究などにも携わりました。何より、私は他の地理学者が土地の知識を通じて私たちに何をもたらすのかを示すように努力してきました。パリ盆地やラングドックにおいて、多様な研究とその地での役割を受け入れましたし、１９９０年に設置された土地整備局の審議会まで引き受けました。

モデル化は、現実のものをよりよく理解できるときにのみ価値があります。それは道具でしかないのです。コレマティックを用いるときに、私はモデル自体を作り出そうとはしていません。逆に、観察を通じてそれを豊かにし、なぜここではこうで、あちらでは違うのかを理解することが重要です。旅をするほど、人は他者とぶつかり、類似性や普遍性を見つけます。人間性というものは解決すべきかなりの問題を抱えていますが、結局は問題はそれほどたくさんではなく、答えの限定された一つの選択を招くものです。ただ、局地的には、その答えは非常に多様な姿をとり得ます。グローバル化の事実から文化の漸進的な同一化のリスクを問うことは、この視角からいえば意味がありません。

新しい世界地理

これは、1982年の研究会から直接的に生じたいくつかの目的に対応しています。私たちはすべてが新たに可能に思える時代にいました。何人かの友人とともに、私たちは地理学で何ができるかを自問していました。財政支援を得るには、目に見える計画が必要だとわかっていました。そこで私は世界地理の公刊を提案したのです。（地理学会館の創設と、フランスと移動の動態性観測の新しい図鑑に加えてです。）それは、英語圏の地理学が支配的になった時代にフランス地理学の知見のショーウィンドーを提供するものでした。1989年にフランスで行われるはずだった万博に合わせていました。それが中止になったので、結果としてもう少し余裕ができました。最初の巻が1990年に発行され、最後のは1996年でした。全体がコンピュータでの作業を含め地理学会館で実現されました。私たちは原稿が10人以上の人によって誠実に選ばれるよう、会合を定期的に開きました。集合的な産婆術の仕事でした。本当の挑戦でした。明瞭で厳格な表現を用い、本当の問題を提示することで、地理学に信憑性が与えられるのです。

反世界（antimonde）の探求

反世界という言葉で、私は「法律の外にある」コミューンといった場所、固有の規則があり、それがなければ「普通」の世界が機能しえない場所の総体を意味しています。私は常にこのような場所に関心を持っていました。すでに、博士論文の研究のなかで、私は「秩序を守る人」と「森にいる人」の話を見つけていました。私はそのリストを作って、ソ連の強制収容所の地理学やタックスヘイヴン地帯についての研究の時にこの概念を理論化し始めました。そこでは、全体主義的なだけでなく民主主義的な体制が、その規制自体のために逸脱の場所を必要としており、その空間のなかの配置には規則や構造があることを示しました。

2001年にインターネットの資料を使って研究し始めたダイアモンド産業によって、また別の様子が見えてきました。私はこの混乱にあって評価されていない世界を、資料を別冊として物語の形で書きました。全体像は場所とともに人のリストで補完されています。私はいつも地理学は領域を変えるアクターを同定し、良く知らなければならないという事実を強調しています。ダイアモンドの世界では、彼らはしばしば規範の外にいます。たとえば、民主党に支援されているニューヨークのダイアモンド業者であるタンプルマンはアフリカで事業をしていますが、アフリカでより力を持っているルヴァイエフはイスラエル系ロシア人のダイアモンド業者です。欲得ずくの人々や、冒険者たちは言うまでもありません。

学術誌の創刊

もし研究をするなら、その研究は知られなければなりません。編集や学術誌への私の関心はそこから来ています。『ピレネー・南西部地理研究』の編集委員の仕事の後、私はラルース社の『フランスを知る』にずいぶん時間を使いました。そして、『ＴＩＧＲ』(*Travaux de l'Institut de géographie de*《ランス地理学協会の》 *Reims*《研究》、現在も続いています)をつくり、そして『地理空間』を創刊しました。これは私が促進したいと思っている新しい地理学を知らせる必要に応えるものです、最後に『世界図(*Mappemonde*)』、地理学の図像についてのものです。どれも別々の編集方針のもとで追求すべき冒険です。

新しい種類の研究所：ＧＩＰルクリュ

研究省の人文科学の責任者として(１９８１〜１９８４年)、私は哲学の国際大学の創設から考古学者の資金まで、あるいは法務省の中における研究の改革まで、あらゆる種類の問題に取り組みました。地理学について行われた調査からは、地理学会館を眼に見えるようにし、また脱中心化することを通じて、総まとめを出版すること(世界地理、フランス図鑑)と空間的動態性を研究すること(立地の観測)の必要性が結論付けられました。それはモンペリエでのことで、地元行政の支援とレイモン・デュグランの効果的な援助がありました。ルクリュ(Réseau d'étude des changements dans les localisations et les *unités* spatiales, 立地と空間的まとまりの変化に関する研究ネットワーク)という呼称は、言葉遊び[2]を越えて、ヴィダル派の伝統からの距離を主張する仕方であり、組織の外の地理学者の観点を認める形態でもありました。研究所は私が参加した編集方針において全く新しい地位を得ました。ＧＩ

Ｐ（公共の利益研究所）、官と民の組織の接近を可能にする役割を負ったのです。定義において、ＧＩＰは持続的なものではありえません。私たちは２０００年まで契約更新をし続けましたが、その後、政治体制がかわって継続はしませんでした。

影響を受けた人

私の時代に教えていた地理学者はあまり役には立ちませんでした。たとえばアンドレ・ショレ（「はじめに」注7参照）は「結合」などという概念について書いていましたし、それにピエール・ジョルジュ[3]は、関係ははるかに遠いのですが、後にいわゆる計量地理学に対抗する立場をとったので、私はがっかりしました。しかし、少なくとも彼は経済的なものや社会的なものを考慮に入れるように地理学者を促したという功績があります。私はジャン・トリカールが書いたことをとくに評価していました。彼ははじめ人文地理学で華々しいデビューをし、地形学に専念していました。私は彼と文化共同体を共有しています。また、地誌学の特筆すべき感覚をもったエティエンヌ・ジュイヤール、あるいは人文地理学と地形学の二つの教科書を書いて非常に成功したマックス・ドゥルオー、それに「社会

2　フランス19世紀の地理学者にエリゼ・ルクリュという人物がいることを踏まえている。フランス地理学の祖とされるヴィダル・ド・ラ・ブラーシュとは異なるアプローチをもった研究者。本書「はじめに」注5を参照。

3　フランスの地理学者。訳書に『行動の科学としての地理学』（末尾至行訳、大明堂、１９６９年）、『アメリカ合衆国の地理』（野田早苗訳、白水社、１９７３年）、『世界の農業地理』（本岡武・山本修訳、白水社、２０００年）ほか。

的枠組み」についての研究をしたピエール・グルー[4]の名前を挙げましょう。タイユフェルは私の最初の勉強の段階において非常に信頼できる人でした。慎重で寛容な人で、フランス語の表現を含め、厳密であることを私に教えてくれました。アナトール・フランスやヴォルテールを熱心に勉強したのは彼のおかげです。

70年代には、私は計量主義者とか新実証主義者とみなされる人々や、急進主義者たちといった、英米圏の著作をたくさん読みました。しかし、私は70年代から80年代に読んだ社会学や哲学の著作、特にフランクフルト学派の人々（ホルクハイマー、アドルノ、ハーバーマス）の著作を読むことからより多くを学んだと思います。

4 フランスの地理学者。訳書に『熱帯の地理』（上野福男ほか訳、朝倉書店、1971年）、『トンキン・デルタの農民』（村野勉訳、丸善、2014年）。

アナトール・フランスの肖像 テオフィル＝アレクサンドル・スタンレン（1920）

何か芸術作品を用いないといけないのなら、私はこの肖像を選びます。アナトール・フランスです。尊敬の念を表します。彼は私にとって思想の快楽と、巧みに表現する技法についての、枯れることのない源泉です。整然さ、正確さ、言葉の明確さ、ユマニスム《人間主義》、非合理的なものや宗教的なものの愚弄の仕方。トゥールでアナトール・フランス広場、しかも最もフランス的な河川（ロワール川）の前に住む機会を得たことは、夜霧にさえ彩りを与えるものでした。この素描を選んだのは、乱れたような線でスタンレンがこの皮肉で友人からの距離をとったまなざしを描き出しているからです。また、風景画よりも肖像画の方に私は感動するからです。

現在の地理学をどうみるか

地理学が危機にあるという考えは、いつも私を苦笑させます。それは固定観念です。地理学は死ぬことからは程遠いのです。地理学はインターネットによって方針転換をし、二つの格の高い研究誌にもアクセスできるようになりました。

まずはそうなのですが、現代地理学においてはいくつかのことが私には気に入りません。地理学は本来は決定的に勝利することを考えることが可能でした。とくに政治地理学やポストモダンといわれる地理学において、私はそれを放置するのを見ました。ポストモダン地理学の信奉者は、地理学がほとんど扱ってこなかった分野を開拓するという功績を残しました（「ジェンダー」の問題などがそうです）。しかし、それらの分野でも、厳密でなければならないし、科学的な手法が必要です。証拠がない議論は私たちを迷わせます。

しかし、地理学者は地方の研究、ＳＣＯＴ〈領域用途スキーム〈都市計画の一種〉〉の準備において、あるいは環境問題においては、科学的であることにより熱心です。地形学者たちはリスクや環境の地理学を発展させることでこの機会を広げてきました。

学問分野を広げるのに貢献する、花形女優はあまりいないことは確かです。しかし、そんな人たちをたくさん持っていると主張する他の学問分野とは何でしょう？　メディアは保守的です。いったんうまくいっている著者を同定すると、彼らは消耗するまでその人を使うのです！

個人的には、不満を述べるようなことはあまりありません。私は頼まれて、ラジオやテレビにたくさん出ました。もし地理学者があまり頼まれないとしたら、それは彼らがメディアの世界を誤解していて、おもしろいことをきちんと言っていないからです。私はいつも、ある学問の生産とその普及は区別しています。がっちりとした学問的作品を書くことは根源です。メディアをよりひきつけるために出来事を劇的にすることに頼った、議論のための議論はすぐに限界を迎えるものです。

ロジェ・ブリュネの主要著作

Les Campagnes toulousaines, Publications de la Faculté des Lettres de Toulouse, 1965.

Les phénomènes de discontinuité en géographie, éditions du CNRS, 1967.

Découvrir la France (dir.), Larousse (112 fascicules et 7 volumes), 1972–1974.

Atlas mondial des zones franches et paradis fiscaux, FayardReclus, 1986.

Géographie Universelle, 10 volumes, Belin, 1990–1996. (V.-A. Malte-Brun (1855–58), É. Reclus (1876–1994), P. Vidal de la Blache et L. Gallois (1927–48) に続く第四の世界地理シリーズ。) 日本語訳『ベラン世界地理大系』シリーズ（田辺裕・竹内信夫監訳）、朝倉書店、２００７年〜

Les mots de la géographie, dictionnaire critique (codirigé avec R. Ferras et H. Théry), Reclus-La Documentation française, 1992, 3e éd. 1993.

Champs et contre-champs. Raisons de géographe, Belin, 1997.

Le Diamant: un monde en révolution, Belin, 2003.

France, le trésor des Régions. http://tresordesregions.mgm.fr/

2

ポール・クラヴァル

Paul Claval

先駆者たちのなかで、彼はフランス地理学を英語圏の研究に開く必要性を強調している。百科全書的な考え方をもち、経済地理学と都市地理学における主要な業績のほかに、文化地理学を導入し、発展させた。それは表現されるものや信じるものをとくに考慮に入れるが、振る舞いや技術、言い換えれば、ひとがその環境との関係でつくり出すインターフェース（接続条件）も考慮し、人間のコミュニティがどのように他者に開かれるのか、あるいは逆にどのようにそのなかに閉じこもってしまうのかをよりよく理解しようとしている。

1932

ムードン〔パリ南西〕に生まれる

1949 - 1955

トゥールーズの大学で研究

1955

教授資格試験（アグレガシオン）

1960 - 1965

ブザンソン大学で講師、その後教授（1970-1972）

1970

博士論文口頭試問

1973 - 1998

パリ第Ⅳ大学（パリ―ソルボンヌ）の教授

1981 - 1997

「空間と文化」研究所の創設と運営

1992 - 1996

『地理学と文化（*Géographie et cultures*）』の編集

1996 - 2004

IGU（国際地理学連合）「地理学における文化的アプローチ」
研究グループ（のちに委員会）の責任者

きっかけ

私の父は、最初は母と同様に教師でしたが、生まれつき好奇心の強い人物で、はっきりとした地理学好きでした。第二次大戦の間に捕虜となったとき、彼は地理学の著作を読みました。戦争が終わると、彼は計量器検査官となりました。私は木曜日に彼の仕事についていきました。ある時期、1950年代に、彼はロット県、アヴェロン県やカンタル県、ロゼール県でガソリンステーションの検査をしていました。こうして私は風景の多様性を見定めることができました。

家には、あらゆる種類の地理学の教科書がありました。ジャン・ブリュヌ、アルベール・ドマンジョン、さらに1902年の教育改革後、20世紀の初めに出版されたファレックスとメレの全集です。レスパニョールが編纂し、1904年から1905年に出版された高校1年生《スゴンド》の巻は、フランス語の人文地理学の最初の教科書となっていました。こうして、私は「生活様式」や「農耕民族」といった概念を知ったのです。高校では、ヴィダルによって書かれた『世界地理』のいくつかの巻を読みました。私は地理学の総合コンクールで二回、賞をもらいました。一つは高校2年《プルミエール》の時（第二位）、もう一つは高校3年《テルミナル》の時（第一位）です。

教科書は疑いなく私の想像力を豊かにしましたが、エキゾチックといわれる国々を好きにならせるほどではありませんでした。戦争の間でしたから、わくわくしたのは新世界、合衆国でした。家族の本棚では、ある本がとくに私の関心を引き付けました。それは『ユーソニア』という本で、ヴェルコール山地で死んだ作家のジャン・プレヴォストが戦争前夜に出版した、アメリカの文明についての覚書です。そこで彼はニューディール時代の合衆国での旅を報告しています。その作品は私を興奮させたので、何度でも読みたくなりました。高校3年《テルミナル》の時、私は『世界地理』のボーリが北アメリカについて書いた巻も読みました。私はそんなにも合衆国やカナダなどにあこがれていて、なぜなのかはっきりわからないままニュージーランドにもあこがれていました。（たぶん確実に「新しい《ニュー》」という文字が入っている国だからです！）

地理学者になって、私は東洋やアフリカの国々よりは英語圏や、ブラジルのような新興国について研究しました。おそらく東洋やアフリカはかなりの語学の鍛錬が必要ですし、また50年代から60年代には、脱植民地化に関連した紛争のためにフィールド調査をすることは難しかったからです。

学生時代

私の両親はとくに地理学の勉強をするように促したりはしませんでした。私は奨学金を受けていました（当時は中学1年生《スィズィエーム》になるときにテストを受け、もらうことができました）。高校に残れるようにそれをとっておいたのです。こうしてトゥールーズで、私は3年間、高校附属の寄宿生として進学準備学級[1]を過ごし、その後文学部の学生として3年間過ごしました。

1 準備学級：高校卒業試験であるバカロレアの後、グランド・ゼコールと呼ばれるフランス独特の専門高等教育機関に進学するための課程。多くは2年間、入学試験に向けて勉強する。一部の高校に付属している。一般の大学にはバカロレアの後、試験なしで進学できる。

その高校には良い思い出は一つもありません。寄宿生になったことはそれまでありませんでした。21時には電気を消さなくてはなりませんでしたが、私は夜遅く勉強する習慣になっていました。父は私に準備学級の数学教師をさせようとしました。それは私の望みではありませんでした。私はすぐにその道を外れました。それから私は2年間サン＝クルー〔パリ西郊〕の高等師範学校《エコール・ノルマル》[2]に入る試験の準備をしました。それは遊蕩の年月でした。私は仲間と一緒に通りをうろつき、いかがわしい場所にも行きました。映画館で時間を過ごし、傑作から駄作まで見ました。

こういう年月は、そうはいっても、勉強になりました。多くの地理学者と違って、私は数学の知識を得ることができ、のちに役立つことになりました。準備学級では、テキストに話をさせることを教えてくれたことでよく覚えているフランス語の先生に出会いました。とくに、17～18世紀のフランス劇における従僕役の講義を覚えています。コルネイユからボーマルシェまでのこういう人物を比較することで、社会の進化まで読み取ることができたのです。ほかの講義は退屈でした。私はいつも推理小説を持って行って隠れて読んでいました（英語のものが好きでした）。こうして私はあるレベルの読書ができるようになり、のちに英語圏の地理学者の書いたものを読むことに役立ちました。このころのことで、私は学生があまり勉強しないことは必ずしも悪いことではないという考えを持っています。

地理学に興味があったにもかかわらず、私が本当に学部に入ったのは3年間の最後です。いとこの一人が理工科学校《ポリテクニーク》の入学試験の準備をして、素晴らしい成績で受け入れられました。私の方は、1年

2　グランド・ゼコールの一つ。高等教育機関の教員・研究者養成校。免状を出さないので、学生は大学にも登録する。

生の予備課程のテストを受けられる最後の年でした！ 彼に比べて、私は落ちこぼれでした！ そこで、私は物事を加速したくなりました。１９５４年から55年、私は教授資格試験《アグレガシオン》と中等教員免状《カペス》の準備をし、両方とりました。地理学を教えるためではなく、もう親の稼ぎで暮らさないという考えでした。私は23歳になっていました。教授になりたいとは思いませんでした。高校のころと同じくらい平凡な思い出しかありません！ 彼らはいろいろなことを集めていましたが、本質に向かうものではありませんでした。地理学者のコミュニティに漂う雰囲気は、学部では、ボーイスカウトを思わせなくもありませんでした。感じはよいのですが、渇望は満たされないままでした。それでも私は、地理学は別のものであるべきだと思っていました。

地理学への貢献

市場の理論

私は50年代には、とくにサイバネティクスのように、物事は自然科学の方から起こり、人文科学を惹きつけると感じていました。技術者である義理の兄弟の一人を見てそう思ったのです。私はそれを市場に当てはめ、コミュニケーションと情報の流通として市場を分析することを提案しました。空間は移動に関する物理的な障害でしかないのではなく、情報の交換においてもそうなのです。ところが、情報の交換は経済活動に欠かせません（ひとは何だかわかるものしか買いません）。情報技術の飛躍によって、ひとは世界規模に拡張する市場が非可視的になる状況に立ち会っているのです。

おそらく、父について南西部の市場に行ったことがこの地理学を私に思いつかせたのでしょう。私の一族は部分的に、1890年から1914年までフランスで最も大きなトリュフの市場であったマルテルの出身でした。農民はトリュフの籠を持って自分の小屋の中に落ち着き、商人は小屋から小屋へと廻ります。特権的な場所はないのです、伝統的な市場と同じです。

経済地理学への新しいアプローチ

勉強中であった時、1952年から53年の間に、私は人文地理学より地形学に関心がありました。

情報の地理学的役割

経済地理学の研究から、社会地理学と都市地理学への貢献も経て文化地理学まで、この考えは私の仕事の導線です。空間は財の輸送や人の移動にのみブレーキをかけるのではありません。それは情報の交換も遅くします。情報は口頭で伝えられるほどインパクトが大きく、筆記はより弱く、現代のメディアはより小さいのです。文化はコミュニケーションのために可能な技術によって異なってきます。

情報の伝達の直接的な費用に加えて、商売相手を変えるのに負担しなければならない費用があります。コミュニケーションの費用です。それを最小限にするためには、期間を最小にする空間的配置をつくり出すことが重要です。電話のシステムにおける本局、都市におけるビジネス地区、より一般的な空間における都市がそうです。

地形学が科学らしく思えたからです。私は人文地理学のあまりにひどい状況に驚いていました。

同じころ、経済学の考え方が新しくなっていく印象をもちました。私はスウェーデン人のG・オカーマンの景気循環についての本を読み、次いで1954年にレイモン・バール、のちの首相による概論の最初の巻を読みました。私は当時それに熱狂しました。こうして、私は経済学の考え方をモデルに地理学を刷新しなければならないという確信を得ました。それは1957年以来、私の野心となっています。1958年2月、兵役の最中に、私はミクロ経済学とマクロ経済学の成果の一部を利用しながら現代の経済地理学を打ち立てるための二つの本を出版する計画を立てました。ミクロ経済学に基づく『市場の一般地理学』、そしてこちらはマクロ経済学に基づく『地域、国家、大空間』です。フランス語に空間経済学を初めて紹介したクロード・ポンサールの『経済と空間』を読んだことにも励まされました。

1959年秋、兵役から戻る途中で（それは27か月続いたのです）、私はわずかな時間ボルドーにいました。アメリカ文化センターに通って、ウォルター・アイザードを中心とした地域科学のグループの存在に言及した論文を見つけました。1975年まであった大学出版の外国語図書館では、容易に出版物を手に入れることができました。それで私はアイザードが1956年に出版した本を読みました。ポンサールの本の1年後です。私はまた、私がしようとしていたことをシアトルの大学のメンバーがしているところだということを知りました。つまり、ミクロ経済学的な形態をもった空間経済学（フォン・チューネン、ヴェーバー、レッシュ、クリスタラー）やマクロ経済学（乗数効果）に関連した成果を利用することです。それから、私は英語圏地理学への関心を持ち続けてきました。英語圏地理学では1960年から61年ごろに出版物の生産が豊かになっていきました。

同じころ、地理学の教育課程にはない学生たちへの授業をするように頼まれました。地形学の授業をしようとしてうまくいかず、人文地理学を教えました。私が地理学には二つの次元があるという考えを披露したのはこの時でした。垂直的な次元、その場所での人間同士の関係、それから水平的な次元、財や情報の循環です。同じころ、アメリカ合衆国では、エドワード・アルマンが同じことを言っていました。私は、経済地理学を研究するということは、実際にはこのそれまで無視されてきた二番目の次元を扱うことに尽きるという考えにたどり着きました。のちに、ヴィダル・ド・ラ・ブラーシュの死後50年に際し、私は記念の本を準備するために彼の作品を全部読みました。私が苦労して明らかにしたことはすでにヴィダルの作品のなかにあったことに気づきました。未完の『人文地理学原理』のなかにです。

1975年に、フランス語で最初の経済地理学の教科書の一つである『経済地理学の要素』の出版ののち、少しこの分野を離れて別の対象へと移動しました。都市と文化です。

交換機としての都市

私の経済地理学での研究は、都市の分析に延長されました。そこでは、私は社会的な相互行為を最大化する場所として都市を見るよう提案しています。私は、中心地理論は名前の通り都市を中心地として表現していますが、なぜそのような場所が存在するのかを言っていないことに気づきました。それにそこでは、行政を基礎としたもの、商業を基礎としたもの、交通を基礎としたものという都市ネットワークを示す都市の二つの解釈が示されています。私は都市のより統合的な理論を立てようとしました。60年代初めに出版された本を読んで、私は歴史学者、経済学者、社会学者が先に都市を交差点として示していることに気づきました。私が掘り進めようとしていた道です。そののち、1975年から76年に、遠距離通信ネットワークに関心を持ちました。コミュニケーションの費用の重要性に気づいたのはこの時です。類推で、私は都市というのはコミュニケーション費用を削減させる交換機だという仮説にたどり着きました。こういう考えは実際に1965年から1976年の間に熟してきました。70年代の終わりに、妻が私に都市地理学の授業の本を書いてほしいと頼んできました。それが『都市の論理』につながります。私の妻は、最終的な出版に進む前に草稿で3年間授業をしました。彼女のおかげで、どういうところで学生たちが躓くのかを知ることができたのです。一つの章は、そのために20回も書き直しました！

文化地理学の構築

私はいろいろなステップをたどってきました。最初は1963年から1967年の間に書いた『フランシュ=コンテの経済地理学』と題した博士論文でした。1968年の出来事[3]のために、私は最終的に仕上げることができず、口頭試問も受けませんでした。すでに出版された研究について口頭試問

3　学生運動が労働者などより広い範囲の人々に支持を広げ、ゼネストにつながった出来事。大統領であったド・ゴールが一時的に身を隠したほどであり、「五月革命」と表記されることもある。

を受けることを認める新しい措置法が１９７０年に施行されたので、すぐにそれを利用したからです。それから社会地理学の研究もしました。ヴェーバーが描写した権力の形態が、空間にどのように具現化されるかということを示した『社会地理学の原理』と『空間と権力』を構想しました。不思議なことに、マルクス主義者は空間の次元にはほとんど関心を示してきませんでした。

ある本に駆り立てられて、私は文化地理学に参入しました。『アフリカの権力と社会』という、ベルギーの人類学者ジャック・マケの本です。そこではアフリカ社会が置かれている関係性の基本原理が記述されていました。彼によれば、家族関係を重視する人々がいる、アソシエーションや年齢層やその他の関係をそこに加える人々もいる、商業の関係に力点を置く人々もいる、などです。その基本原理の背景にあるものを知ることが問題でした。こうして私は文化に興味をもつようになりました。

私は地理学や大部分の社会科学の問題は、人々の頭の中で起きていること―表象や信仰など―に十分に関心をもたないことだと感じていました。人は教義や信仰心を問題にせずに宗教の地理学の本を書くことができました。それはかなりの不利益となっていました。私にとっては文化地理学はただ、今まで顧みられずにいたが人間の行動や個々の世界の見方、人々が感じ、認識する仕方を理解するために非常に重要な次元を地理学に再び与えることを目指していました。こうして私は表象や信仰やそれらが具現化される仕方に関心を持つことになりました。１９６２年から63年まで、たとえばカール・O・サウアー[4]のようなアメリカ地理学の研究を熱心に読みました。

4 訳書に『農業の起源』(竹内常行・斎藤晃吉訳、古今書院、１９６０年)。

私は19世紀の人類学者によって採用された文化の最初の定義から始めました。それは「生まれつきではなく、我々が学んでいくことのすべて」というものです。それは技術と同様に表象や象徴も関連します。私は地理学の研究を象徴世界に限定することはいつも拒否してきました。英語圏の著者たちは違ったアプローチを展開していました。たとえばドン・ミッチェル[5]にとって、文化は競技場に似ています。このパースペクティヴでは、スプレーの落書きも特定のグループによる公共空間の領有の試みとして解釈され得ます。面白いアプローチですが、現代社会においても重要であり続けている宗教を忘れてしまいがちです。ある意味では、英語圏の著者たちに比べ、私は文化地理学へのアプローチにおいてより保守的なのです。

1980年に、パリ第Ⅳ大学での私の同僚の一人のピエール・フラトレが私に研究所を開設しないかと言ってくれました。私たちは大学の地理学での最小共通分母を探しました。それがまさに文化でした。それでも、原則的にはそのために、グザヴィエ・ド・プラノール[6]とジャン・デルヴェール[7]は1981年に始まった研究所の仕事には実際には加わりませんでした。お金がなかったので、スタートさせるのには少し苦労しました。私は出版の資金を得るために85年のフランスにおける本の価格の調

5 日本語訳に「公共空間は終焉したか？　民衆公園、大衆の定義とデモクラシー」（浜谷正人訳）「文化なんてものはありゃしねぇ—地理学における文化観念の再概念化に向けて」（森正人訳）『空間・社会・地理思想』7（2002年、90—117頁、118—137頁）など。
6 フランスの地理学者。訳書に『フランス文化の歴史地理学』（手塚章・三木一彦訳、二宮書院、2006年）。
7 フランスの地理学者。訳書に『東南アジアの地理』（菊池一雅訳、白水社、1969年）、『カンボジア』（石澤良昭・中島節子訳、白水社、1996年）、『カンボジアの農民』（及川浩吉訳、風響社、2002年）。

査（ラング法とその効果）をすることを受け入れました。１９８７年にはＣＮＲＳ（国立科学研究センター）の承認を得て事は改善しました。

私は研究誌を作りたかったのですが、連絡をした出版社が、パリ第Ⅳ大学の出版局さえも含めて、どこも受け入れてくれませんでした（私はノルマル出身者ではなかったので！）。昔の学生のジャン・リューコーがアルマッタン社の編集者にコンタクトを取ってくれたときまでです。１９９１年の12月でした。２月から創刊号を発行して、私たちは１９９２年から１年に４回出版することができることになりました！　そこで私は２か月、創刊号を実現するために狂ったように仕事をしました。偽名の代わりに大叔父や祖父たちの名前でサインしたあらゆる種類の書評があります…。

それから、文化地理学は知られるようになりました。ジャン＝ロベール・ピットの発案で創設された委員会がＩＧＵ（国際地理学連合）のなかで認められました。私は１９９６年から２００４年まで委員長を務めました。この文化地理学に参加することが、当時社会科学を席巻していたマルクス主義的な読み方と一線を画す一つの方法であったことは明らかです。マルクス主義者の同僚は、最終審級において重要なことは、経済学だと考えていました。社会地理学や政治地理学の研究は、それはそれほど簡単ではないことを示しました。

私にとって、文化地理学は、景観がたとえ非常に重要だとしても景観研究と混同されるものではありませんし、また多様性への情熱とも混同されません。文化地理学は、普遍的なものと個別的なものを分けながら、人間が場所との間で保っている関係を問う使命を持っています。それは共同体主義《コミュノタリスム》の危険に対する解毒剤です。共同体主義《コミュノタリスム》と戦うには、それを理解しなければならないのと同時に、コミユニティが形成される仕方と、それが内に閉じこもる仕方を理解しなければなりません。私は、私がしようとしていたことが理解されたということには確信がもてていません。

影響を受けた人

あなたは50年代半ばのフランスの大学の状態を想像できないでしょう！　トゥールーズ大学のような重要な学部において、教授が一人しかおらず、助手が一人、しばしばいない何人かの講師だけでした。二人の主な先生のことは覚えています。一人は助手のピエール・バレールです。彼はカルトグラフィーが領域を表象することにのみ役立つのではないことをわからせてくれました。それは研究の根本的な方法です。彼は私たちにここそこの部局に行って統計を集めてこさせ、それを地図化させました。そうしたら現象が形になったのです！　彼は私たちにパオ

水彩画「アルコ谷の風景」デューラー（1494）

この水彩はガルダ湖から5キロほどに位置するアルコ村を表しています。デューラーはアディジェ川の谷からここを訪れました。彼はこの場所の雰囲気、特性を敏感に感じ取りました。この水彩画で、彼は中世の風景を特性を持って構成したルネサンスの画家の最初の一人になります。彼はオリーヴの葉にまさにその色調を与えた唯一の人です。

Photo© RMN-Grand Palais (musée du Louvre) /Michèle Bellot/distributed by AMF

捕虜時代に、私の父はドイツ美術の本を手に入れることができました。それは当時、フランスで出版されていた美術の本よりも上質でした。彼は

ロ・ウッチェロの戦場を見るように地図を見ることを勧めました。戦闘員よりむしろ総量をとらえるということです。素晴らしい考察で、彼はそれを仕上げることはなかったかもしれませんが、たとえば同じく彼の教え子だったロジェ・ブリュネのようなほかの地理学者にも影響を与えるには十分でした。

もう一人よく覚えている教授はフランソワ・タイユフェル、多くの資料をたじろぐことなく使うことを教えてくれた地形学者です。地形学の専門家とはいえ、彼は他の分野の授業もしていました。時に恐ろしく退屈でしたが（ピレネーの谷を一つ一つ講釈する授業のように）。たとえば合衆国についての授業のように、面白いものもありました。彼は私たちにこの国の地域構造についてのレポートを課しました。当時、私はあまりこのテーマの関心がつかめていませんでした。合衆国の構成は部分的にはヘンリー・クレイの政治的妥協の産物だったのです。彼は1810年から1820年に、北部、南部、そして西部の経済的な役割を決めていました。それは古典的な地誌学が考慮しないことでした。

デューラーについての本を買い、私たちに送ってくれました。私は現在はルーヴルに保管されているこの水彩画に、12歳の時にその本をめくっていて出会いました。それは目に焼き付いたのです。15年前、ガルダ湖の周りを車で回っていた時、デューラーにインスピレーションを与えた風景が私の前に突然現れました。5世紀の時が流れたにもかかわらず、それは変わっていなかったのです！城塞は今もそこにありました。アルコは大きくなりましたが、風景を変化させていなかったのです。ブドウの木はありませんでしたが、オリーヴ畑はありました。

その後、私はその絵の複製を見つけて額に入れました。それからは私の机の上の壁に飾ってあります。彼のやり方で、デューラーは風景の特性を意識することを表現しています。その意識は私たちその他の地理学者がまさに語らせようとしているものです。

その他の影響を受けた地理学者のうち、アンドレ・ショレ〔「はじめに」注7参照〕、とくに『地理学の学生ガイド』の著者ですが、その1952年に出版された第二版で、彼は自然的環境、生物地理学的環境と人文的地域の違いを導入しています。そこでは、その三つの現実がいかに結合しているかがしっかりと示されています。彼は体系的アプローチの先駆者でした。

現在の地理学をどうみるか

50年代には、地理学者は次のような明白な事実に屈しなくてはなりませんでした。フランス地理学の財産であった二つの概念的な道具、「生活様式」と地域は、先進国の都市的・産業的世界にほとんど適用できなかったのです。それを分析するには、私に言わせれば、生活様式の分析から、社会的役割の分析へと移行しなければならなかったのです。生活様式は、振る舞いの分子のようなものです。対して役割は原子です。生活様式の分析は、形のない日常の実践を想定しますが、役割は一人の人が同じ一日の間に経験する状況の多様性を考慮に入れます。どんな階級に属していても、たとえば通勤時間のメトロに乗ることや、ヴァカンスに出かけること、父や母であることなどがあります。地理学者はこの転換をつかんでいませんでした。

地理学者はまた、生態学《エコロジー》的な懸念が高まるそばで見過ごしてきました。それは逆説です。20世紀の初め、彼らは環境問題の専門家とみられていました。そこに戻ろうとするころには、彼らはほかの学問の代表者の目から見れば特性を失っていたのです。

したがって、地理学のイメージが衰退した時期はありました。同じくらい問題だったのはフランスでは地理学者同士の関係はイデオロギー的な対立に毒されていたことです。新しい地理学がもたらしたことは、本当には違いをつくり出す要素としては認識されていませんでした。他の学問分野は、都市のような明らかに地理学的な主題に取り組むために武装したがりました（歴史学者のベルナール・ルプティの研究を見てください）。ブルデュー〔第1章注1参照〕は、地域に関心をもちました。要するに、地理学は共通の領域に入るような印象を与えているのです。

同時に、社会科学は時間よりも空間を強調し始めました。ポストモダンの社会において、社会現象を解釈しうる軸は実際のところ、時間よりも空間のようです。ただ、空間的次元において社会を理解し、分析するために地理学者である必要はありません。社会現象を歴史的なパースペクティヴで見るのに歴史学者である必要がないのと同じです。別の言い方をすれば、地理学は空間の研究を独占しているのではないのです。つまり、地理学者の将来は不確定だということです！

また地理学者自身が空間について同じ考えをもっているのではありません。より人類学的なアプローチを擁護する人もいれば、そこから法則をひき出そうとする人もいます（空間分析の信奉者たちです）。しかし、対立しているにもかかわらず、この二つのアプローチは二つとも必要なのです。大都市圏の交通を取り上げてみましょう。量的なアプローチは大きな現象をあぶりだすのを助けてくれます。自然の法則に比較しうる法則をひき出す代わりに、それは流通の規則性を強調し、それを基礎に予想を立てることができます。逆に、郊外の若者がなぜ蜂起するのかを理解することが問題である時には、このようなアプローチは役に立ちません。より有効なのは、若者が自分の領域に持つアイデンティティの関係を理解する人類学的なアプローチです。途中で古い現象が見つかります。それほど昔ではなく、隣あった村の若者が日曜日に集合的な乱闘で打ち解けていたのです！

地理学者はあまり省察性を示しません。別の言い方をすれば、認識論的な問いへの関心に欠けています。その後、学問分野の複数性を進めるポストモダニズムを利用して、遅れは埋められました。イギリスで出版された本を見てください、空間の大思想家を紹介しています。地理学者をわきにおいて、ジャン・ボードリヤール、ピエール・ブルデュー、ジル・ドゥルーズ、さらにアマルティア・セン、エドワード・サイードなどが引用されています。地理学のパンテオン[8]はもはや地理学者で埋まっているのではないのです。

ポール・クラヴァルの主要著作

La Géographie culturelle, Nathan, 1995. Réédité chez Armand Colin en 2003.

経済地理学分野

Géographie générale des marchés, Les Belles Lettres, 1963.

Régions, Nations, grands espaces. Géographie générale des marchés, Genin, 1968.

Éléments de géographie économique, Genin et Litec, 1976.

社会・都市地理学分野

Principes de géographie sociale, Genin et Litec, 1973.

8 パリの5区にあるパンテオンには国家のために重要な役割を果たしたと評価された人々が集められ、埋葬されている。「地理学のパンテオン」はその比喩的表現。

La Logique des villes, Litec, 1981.

地理学史について

Histoire de la géographie, Puf, 1995.

Histoire de la géographie française de 1870 à nos jours, Nathan, 1998.

認識論的問題について

Épistémologie de la géographie, Nathan, 2001.

Causalité et géographie, L'Harmattan, 2003

その他

La Géographie du XXIe siècle, L'Harmattan, 2003.

La Fabrication du Brésil. Une grande puissance en devenir, Belin, 2004.

〔その他日本語訳〕

『現代地理学の論理―その学説史的展望』（竹内啓一訳）、１９７５年

『新しい地理学』（山本正三訳）白水社（クセジュ文庫）、１９８４年

ほか寄稿多数。

3

アルマン・フレモン

Armand Frémont

生きる空間（espace vécu）という概念を通じ、彼は地理学者が普通の人が生きるような空間に関心をもつようにさせた。何年もの間、彼は政治や行政の役職についていたが、地理学を深めはしても、怠ることはなかった。彼の研究がノルマンディーをめぐるものであっても、彼は地誌学者というだけではなかった。

1933

ルアーヴルに生まれる

1956

教授資格試験（アグレガシオン）、結婚

1968

博士論文口頭試問

1960 - 1982

カン大学の助手、主任助手、教授

1982 - 1984

CNRS（国立科学研究センター）の
人文社会科学分野における学術主任

1985 - 1989

グルノーブルのアカデミーの学長

1989 - 1991

国民教育におけるプログラムおよび大学的展開の責任者

1991 - 1998

ヴェルサイユのアカデミーの学長

1998 - 2002

DATAR（国土整備地方振興局）の評議員、学術評議会長

きっかけ

子どものころ、私はいつか地理学者になると言われた覚えはありません。それでも、どうしてそうなったかを考えるのに子ども時代にさかのぼる必要はあるでしょう。

第二次大戦はたぶん影響がありました。私は6歳から、戦争からの傷だらけの出口となる地方〔ノルマンディー〕でその時期を過ごしました。ノルマンディー上陸とその戦いは、家の戸口を通り過ぎました。私の祖父は、第一次大戦の兵士でしたが、連合軍を示す小さな旗を付けた地域の地図を広げていて、私に色を付ける役をさせました。その仕事は私のお気に入りでした。そこから、私のカルトグラフィー好きが始まっています。私の両親はルアーヴルから10キロのところに住んでいました。地図を描くことは悪くない遊びでした。

上陸によって、この地域は世界と直接つながりました。すべての連合軍と、ドイツ軍に集められたロシア人が通り過ぎるのをそこで見ました。ルアーヴルへの爆撃が1944年9月にあり、それは町の半分を壊滅させました。1945年の10月から、私は中学校に入ることができました。偶然、壊れていなかったのです。祖父母の家は、爆撃線の縁にあり、崩壊寸前でした。窓も、扉もありませんでした。7年後、準備学級〔第2章注1参照〕の1年目のためにカンに行ったとき、私は復旧の最初のきざしが出てきたのを見ました。それは一人の若者に避けがたく強い印象を与え、おそらく私を行動につながる地理学に向かわせた光景なのです。私は世の中の動きを知りたかったのです。

戦争の間、私は父のいないところで大きくなりました。ドイツからの解放後、彼が冒険の人生を送ったことを知ります。彼は海軍の兵士として、部隊の運搬の際にアメリカ軍に加わりました。彼は合衆国に限りないあこがれをもっていくことになります。戦後すぐに、彼はドイツから接収した客船リベルテ号で働いていました。旅から戻るたびに、同じ儀式がありました。母と車で港に行きます。マリティム通りから船が着くのが見えます。それは私のような若い少年にとって一陣の冒険のようでした。旅ごとに、私の父は写真を持ってきてくれました。私はこうして、南アメリカ、カリフォルニアのセコイア、バンクーバー、インディアンのトーテムにも、レヴィ＝ストロースの名前を知る前に触れていたのです。

私自身も外国へ旅しましたが、父のような大旅行者にはなりませんでした。私は領域に結びつけられた想像力の探求者なのです。私の研究の主なフィールドはノルマンディーでした。私の子どもたちは、逆に、多く旅をしています。とくに一番上はトタル〔石油会社〕のチャーター便の担当です。また三番目は地理学者です。彼らはしばしば二人ともトランジットの空港にいたりします。

私はどちらかといえば平凡な仕方で地理学者になりました。1945年から52年まで、ルアーヴルの高校で勉強している間中、私は優等生で、文系の科目でも理系の科目でもですが、非常に優れていないところがないほどでした。二つのバカロレア（数学と哲学）を取るほどでした。試験のあとでも、私はまだその後何をするかわかりませんでした。私は貧しい家の出身でしたから、高等教育のシステムのことをほとんど知りませんでした。先生の影響がより決定的でした。しばらくして、戦争から4〜5年たって、若い教授たちが出てきたのを覚えています。教授資格《アグレガシオン》をとったばかりで、何人かは、レジスタンスの闘士でさえありました。彼らはサルトルたちの何年か後に出てきました。彼らのなかには、フランソワ・ゲイがいました、歴史地理学の教授で、革新的で、聡明で、合衆国に関心をもっていました。彼は彼の弟と私が中学1年生《スイズィエーム》の時から友達として結びついていることに気づいていました。

歴史、そして英語に取り組んでいる間、文系も理系も一緒にできるからと、ゲイは地理学をするよう私を説得しました。なかなか難しいですが、私が地理学を考える仕方において、理系と文系を調和させるという問題は常に頭にあります。そして、ゲイのおかげで、地理学は私たちの時代の要請に向いた、決定的に新しい学問になったのです。

戦争直後のルアーヴルにおいては、大学も準備学級もありませんでした。ですから家を出なければなりませんでした。取り掛かりが遅かったので、私はサン＝クルー〔パリ西郊〕の高等師範学校《エコール・ノルマル》に時々一名の生徒しか送れないカンの準備学級に入りました。私の代では、高等師範学校《エコール・ノルマル》に入ったのは私でした。

学生時代

三段階ありました。まず、カンでの準備学級とサン＝クルーの高等師範学校《エコール・ノルマル》の年月にはじまる勉強の時代です。田舎から出てきた生徒にとっては、家族と一緒に住めない状況に耐えることを除いても、準備しきれていない質的な大変化がありました。サン＝クルーとサン・ジャック通り（パリ5区）の地理学研究所の間の行き来は疲れました。この頃になって教授資格試験《アグレガシオン》の直前に、私は人文地理学に向きました。まだ社会地理学と呼ばれていなかったものでした。私の博士論文のテーマの選択がその方針を固めることになります。ノルマンディーの牧畜です。

その間、私が召集兵として経験したアルジェリア戦争がありました。第三世界の悲惨を実態的に知ることでもありました。またノルマンディーから出たばかりの若者にとって、そこは特別な国でした。外れた部落の部族長のウレド・ズアイ家、私は彼らからこの国や人々を知ることができました。観察したことから、私は１９６２年に『地中海研究（*Revue Méditerranéenne*）』に「コンスタンティーヌ高地におけるアイン＝ムリラ地方」というタイトルで論文を出すことになり、本も出します。それから、マグレブ〔北アフリカ〕は私の地理学者としての余技[1]となりました。

それからカンの大学で教えていた時代に続きます。助手、主任助手、教授として24年、１９６０年から１９８４年まで勤めました。

最後に、政治・行政的な責任者であった時期があります、１９８２年から２００２年まで、ＣＮＲＳで学術責任者になり、グルノーブルに続いてヴェルサイユで学長をして、国民教育省の大学の教育発展の責任者になり、さらにＤＡＴＡＲ（国土整備地方振興局）の評議員となりました。この時期ずっと、私は地理学者であり続け、ほかのところでもそう言い続けました。今も地理学の研究を発表し続けています。

1　原語では「アングルのヴァイオリン」。画家アングルがヴァイオリンも得意としていたことに由来する。

地理学への貢献

ノルマンディー、調査の実験室として

ノルマンディーは私の調査の主な実験室で、いくつもの著作のヒントを得続けることになります。しかし、私は自分を地域研究者だとは思っていません。ノルマンディーの特殊性を跡づけながら、私は他の地域に関連する現象を分析するようにし、一般的な射程を持ったテーマを探求するようにしています。

この地域について私が博士論文を書いたのは、偶然などではありません。しかし、なぜ牧畜なのか。それには二つの理由があります。一つは、大学の要請によるものです。１９６０年に、私が博士論文を始めた時、地理学でも社会学でも農村の研究が支配的でした。同じ時期に、ロジェ・ブリュネの方でも、他の多くの人と同様、農村地理学の博士論文を選択していました。私は「革命的な」精神をもっていませんでした。それで私はこの地理学を選んだのです。もう一つ、徴兵から戻ったときに、ピエール・ブリュネ（先ほどの人物とは全く親戚関係はありません）が私をカン大学の助手として採用しました。彼は農村地理学の非常に優れた専門家の一人でした。彼は私にその地方の主要な産業について博士論文を書くように促しました。牧畜です。私は受け入れました、ただしピエール・ジョルジュ〔第1章注3参照〕にも指導についてもらうという条件でです。彼は当時、大地理学者で、私はかつて高等師範学校《エコール・ノルマル》やサン・ジャック通りで彼の講義を聞いていました。彼らはそれをあたたかく受け入れてくれました。一人はほとんど毎日私に指導をしてくれましたし、もう一人は社会地理学から農村地

理学へ軸足を移しつつ、フィールドに出るのを手伝ってくれました。

私の選択についてのもう一つの理由は個人的なものです。学者がこの種の説明を隠しがちであるだけに、私はこういう説明をすることにこだわります。なぜならそれは時には決定的なのです。私はコー地方〔スイス〕の人々の小学校で教えていました。農業者や、農業労働者や、季節労働者の子どもたちでした。人間的で、謎めいて、奇妙で、彼らはモーパッサンの登場人物でした。退屈しないなあと思ったものです。それに、カンの高校で、私は将来の妻になるモニクに会いました。彼女の父親は自然科学と農業の教授でしたし、彼女の姉は農業者でした。研究資料となるすべての情報をもっている人々でした。

1968年に口頭試問を受けた私の博士論文は、ある部分では古典的でしたが、他の部分ではオリジナリティがありました。古典的な部分は、それが農業地理学の博士論文だという意味です。農業や地域のシステムを定義するものでした。丹念にやった部分です。このことについては並行して参加していた仕事、カンの地理学協会が主催し、とくにDATARに財政支援を受けたノルマンディーの地図のための仕事に助けられました。私は農業地図に携わりました。いくつかについては、とくに乳製品の大企業については統計は整っておらず、そこからは牧畜の経済についてはわかりません。それを突破しなければなりませんでした。こうして、私は酪農が協同組合であれ、私的なものであれ、どのようにグループに属しているのかを示すことができました。全体的には、1965年から68年の間に作られた20枚の地図になりました。農業地域をまとめた地図は、データの全体を結びつけるもので、私の傑作（！）です。こうして、博士論文の必要のために、人があまり重視していなかった統計的な設備を頼みにすることができました。

別の点では、私の博士論文は革新的で、さらには私の二人の指導教員を驚かすほど、アカデミックなしきたりを越えるものでさえありました。なぜなら、研究が進むほど、畜産業者のために牧畜をなおざりにしたからです。農場主たち、とくに近代化に賛成して伝統から抜け出そうとしている若手たちのためにです。私は家族のなかに起こる緊張を記述しました。なぜなら、それは老農業者が自身の息子によって自分たちの実践を再検討されるという事件だったのです。私は分析に飽き足らず、その肖像を描きましたが、それは博士論文ではあまりなされないことでした。私は社会学、さらには人類学との境界にいました。のちに『ノルマンディーの農民』（1981年出版、2007年再版）となりました。

生きる空間（espace vécu）という概念

この概念はもともと私が考えたものではなく、一緒に教授資格《アグレガシオン》をとったルーアンの研究仲間、今は亡きジャン・ギャレのものです。アフリカ研究者として、彼は1968年に口頭試問を受けた、ニジエールの内デルタの人々の研究をした博士論文のなかでその考えを導入しました。彼はデルタが一つではなく、複数であることに気づきました。漁業民のデルタ、牧畜民のデルタ、農業者や稲作者のデルタなどです。私がしたことがあるとすれば、それは研究の活性化のなかで、この概念の理論化と普及をしたことです。とくに、アンドレ・メニエに捧げられた記念論集（レンヌ大学出版、1972年）で発表した論文と、そして私の著作である『地域、生きる空間』を通じてです。

博士論文が通ると、私は1970年にまずルマンで、そしてカンで教授となりました。この大学では農村地理学者の教授二人の場所はなかったので（ピエール・ブリュネが教えていました）、私は地誌学や空間の組織化の方に向かいました。その時の授業から、『地域、生きる空間』を書くことになります。そこでは私は複数の学問分野を使っていました。人類学（クロード・レヴィ＝ストロース）、哲学（ガストン・バシュラール）、心理学（アブラハム・モルス）、社会学（アンリ・ルフェーヴル）、文学（フロベール、モーパッサン）も忘れてはいけません。また私はアメリカの地理学を推奨し、表象やメンタル・マップの地理学を導入しました。大事なことは領域、地区、都市、地域を表象やメンタル・マップの地理を生きる人々を通じて理解することでした。すぐに、私はギャレや、カンやパリの同僚たちと、CNRS（国立科学研究センター）に支援された計画的協調研究（RCP）に組み込まれました。一緒に、私たちは非常に異なった環境における生きる空間の表象の比較研究を始めました（ギャレが南の国々、フランス西部の農村世界をカンのチームが、パリの人たちは大都市圏の地区について調べました）。それらはすべて非常に豊かなものでした。

カンでは、生きる空間の概念の紹介は大学の社会政治的革新にも一致していました。ピエール・ブリュネとアンドレ・ジュルノーはその時、1968年以前[2]の教授とみなされていました。学問の形式のなかで、私は私より少し若く、ココヤシを揺らそうとしていた若い助手たち（アンヌ＝マリ・フィクソ、ロベール・エラン、またルマンの教授ジャック・シュヴァリエ）の波に押されて、政治的な抗議に

2　既存の大学制度への異議申し立てが行われた学生運動をこの年号で代表させている。

加わりました。何年かして、この世代闘争は幸運にも収まりました。一部では生きる空間は人文主義地理学[3]の特徴をもつとみなされていました。人文主義地理学は、新しい計量地理学ともマルクス地理学とも一線を画しています。実際のところ、それはもっと複雑です。まず、景観や農業あるいは産業システムの研究を中心とする純粋な地理学の伝統との関係では、厄介者、それが私たちでした。私たちは地理学の対象を見る仕方を問い直していました。次に、生きる空間はマルクス主義者には拒絶されませんでした。彼らは確かに濃淡をもたらしましたが、最初は少なくとも、考え方を拒否することはありませんでした。彼らは経済構造がすべてを説明するわけではなく、結果として別の要素を見つける必要があることを認めていました。人々が自分の環境から得る知覚はその一つでした。私自身にとっても、生きる空間は、（社会階級でないにせよ）社会カテゴリーに従って生きる空間を見分けることを何も妨げないという意味で、マルクス主義的な分析に適合していました。要するに、生きる空間はそれが導入となりうる社会地理学に適しているのです。それが70年代終わりの私の方向性でした。

自分が人文主義といわれる地理学に回収されるのをまさに恐れて、私は、たとえば生きる空間をよく理解するには、「客観的な」地理学を進めていく必要があると強調するような反応をしていました。そして、ロジェ・ブリュネによって創刊された『地理空間』誌は、学術的で、体系的で、モデル化を志向する地理学の名のもとに、生きる空間への関心を表明することになります。私は70年代にこのテ

3　1970年代から英語圏の地理学で提唱された地理学の方法。

生きる空間

地域の現実は地理学者のもつ見方や行政、歴史、経済、生態の構成要素にとどまるものではない。それはまた表象の問題で、この場合には住民の表象である。フレモンは『地域、生きる空間』のなかで次のように説明している。「地域はつまりそれ自体で何かしらの現実をもつ対象ではなく、地理学者その他の専門家が観察者自身の外にある世界の客観的な分析者となるようなものではない。人間の心理が経済的な利害や生態的適応といった合理性のみに還元できないのと同じである。地域は、それが存在するとするなら、生きる空間である。人間によって見られ、知覚され、感じ取られ、愛され、あるいは拒否され、かたちづくられ、人間は自分たちを形成する像を自分たちに投影する。」評価されるのは良識の隅において心を動かす言葉である。70年代には、このようなアプローチは革命的ではないまでも、新しかったことだけは述べておく。当時は地理学者は自然主義あるいは経済的なヴィジョンにまだ囚われており、いずれにせよ人々の知覚という観点への関心を欠いていた。こうして生きる空間という概念を通じて、フレモンは「人々から見て、そこに地域がある。」という形で、他の領域と同様にその地域を把握するように促している。

ーマでそこに複数の論文を発表しました。

この概念が他の人々を刺激した作品に光を当てて、理論化への努力を深めるために、私がもう一冊本を出すことになったのは必然だったように思います。しかし、RCPの仲間の間で理論の多様化が起こりました。そして、70年代の終わりに、私は政治行政的な役職に従事せざるを得なくなってきました。私はカン大学の副学長になり（言ってみればおかしな状況のなかで学長選挙に敗れた後です）、バス・ノルマンディー州の大学の代表として経済社会委員会のメンバーにもなりました。私はそれについてのすべてのリスクのもとで「名士」になったのです！　最後に、私の配偶者と私はカンを気に入っていましたが、あまりに心地よいところにつかりきっていました。私は45歳で、違うことをしたくなりました。子どもたちも大きくなりました。80年代の初めにカンを離れ、私は生きる空間をそこに残してきました。あの概念は別の同僚の仕事を通じた方が本来の生き方をしたのです。

行動に結びつく地理学

フランソワ・ミッテラン大統領〔社会党から選出された大統領〕の選出ののち、私はバス・ノルマンディー州の研究チームの長の役につき、次にCNRSの人文科学の学術主任になりました。こうして、私は評判の研究者に会うことができました。P・ブルデュー、M・ゴドリエ、R・レモン、A・トゥーレーヌ、J＝P・ヴェルナンなどです。そして、グルノーブルの学長時代がありました。わくわくする挑戦でした。大臣の代理として、私はアカデミーで重要な人々みんなに接触しました。代議員、企業の役員、行政担当者、知事などです。

この政治行政的役割は、ちょっとしたことを除けば、すべてを満たしてくれるものでした。それは私がいつも望んでいたことをさせてくれることになります。行動に役立つ地理学、現代社会の問題に直接かかわる地理学です。同様に、大学の建設における投資の遅れを埋めようとする大学計画２０００では、私は地理学者として動員されました。それは領域の空間整備政策にかかわっています。私はキャンパスからキャンパスへ。知事や地方公共団体と交渉するために、フランスを縦断して駆け巡りました。まして、DATARでの評議員の仕事は、私を地理学者として動員しました。

この間、私は出版を続けました。それには単純できちんとした理由がありました。学長であれ評議員であれ、私は緊急脱出装置のついた椅子の上にいたのです。とくに、私は地理学から切り離されたくはなく、逆に、土地について得られる知識を動員したかったのです。そこから、『フランス、社会の地理学』が生まれました。

政治行政的な役割を終えると、私は『シャルロット・コルデーのバスケットシューズ』を出版しました。そこには地理学的な知識も動員されていますが、地理学の本というよりは、ニュースを書く地理学者の本です。なぜニュースか。私は小説を書くような器ではないと思いましたし、まして70歳でした。これは私の唯一の真に文学的エッセイです。しかし『ルアーヴル、港の記憶』はある程度文学的野心を出しています。そこでは20世紀を通じた、私の四人の家族の生活と生きる空間を通した、都市と港の歴史を分析しています。

影響を受けた人

二人の恩師が私の大学での学びに決定的でした。ピエール・ジョルジュ、50年代から60年代に評判の教授でした。左派に非常にコミットしていましたが、講義においてはそれを示さず、マルクス主義的であるよりはマルクス主義に近い立場でした。彼の威光は当時比類のないものでした。私は彼が教授であったサン＝クルーの高等師範学校《エコール・ノルマル》で彼の授業を受ける機会を得て、それからソルボンヌの地理学研究所で授業を受けました。私はこうして、学校の仲間とともに、親しく彼を知る特権を得ました。彼は私たちが彼に提案する主題について授業をすることを受け入れてくれました。即興の妙技でした。

彼の巡検は、お決まりの巡検を打ち破るものでした（石切り場でも田舎でも、自然と農村の地理学の視角でした）。私はそのなかの二つ、助手のなかで、イヴ・ラコスト〔「はじめに」注1参照〕などと一緒にしたものを覚えています。ソーヌ盆地でルクルーゾの製鉄所、モンソー・レ・ミーヌの鉱山、当時飛躍的に伸びていたオヨナックスのプラスチック製造所を訪れました。もう一つはパリとマントの間のセーヌの谷で、大きな工場（フランのルノー（自動車）、ポワシーのタルボ（自動車）、ポルシュヴィルの火力発電所）が集中していました。毎回、私たちは工場長と労働者と組合に会いました。

『ボヴァリー夫人』フロベール（1857）

フレモンは、地域主義の作家を越えて、文学テクストを領域の表象の分析のための貴重な資源として開拓した最初の地理学者の一人である。『地域、生きる空間』では、何人もの有名な小説家が引用されている。モーパッサンの『短編集』、モーリアックはその技法が「ボルドーのブルジョワの空間、都市のアパートや、ブドウ畑と荒れ地の間にある田舎の家、リュションやバスクの丘陵における夏のヴァカンス、情熱や権力のためにパリに逃れる人々を再現して」おり、とくにフロベールは『ボヴァリー夫人』のなかで、「ノルマンディー、そのリンゴ畑や市場、畑を表現しただけでなく、プチ・ブルジョワ層、農民、薬剤師や田舎貴族が生きるノルマンディーを表現している」と説明している。「文学批評の仕事と地理学の仕事は、個人の心理、社会の心理、空間の心理が補完しあうテクストを分析するために結び合うのである。」

ピエール・ジョルジュには都市地理学の最初の概論の一つを習いました。彼はまた、社会や土地の構造を研究しながら、社会地理学の観点で、農業地理学にも大いに関心をもっていました。彼は行動地理学の提唱者でもあります。多弁な作家であり（人によっては多すぎると感じるでしょう）、とくに彼は聴衆を熱狂させる大教授でした。あまりにそうなので、彼のところで修士や博士をするために行列ができていました。私もまた、高等師範学校《エコール・ノルマル》の仲間と一緒に、もう彼があいているだろうと思い、地理学研究所にいる彼のところで修士論文を書きたいと思っていました。ついていないことに、彼は行政の役職に吸い込まれてしまいました！　アンドレ・ショレ〔「はじめに」注7参照〕が私の二番目の先生でした。地形学者で、彼は地理学的結合の概念をもたらして、それは私にとっては現代地理学を作り出すものでした。のちにロジェ・ブリュネによって提案されるコレームのアプローチの芽を見ることができます。

現在の地理学をどうみるか

まず、私は中等教育で教えられているような地理学という点では厳しい見方をします。古めかしい学問分野というイメージをいまだにもったまま、それは歴史学に押しつぶされる傾向があります。人は歴史学とは違う学問分野であるように地理学を教えますが、私にとって、それぞれは切り離せないものです。ジャック・ラング〔フランス社会党の政治家〕によって2001年に託された仕事の中で、歴史的であると同時に地理学的な視角をもってそれに取り組めるような五つ六つの大きな問い（たとえば、都市化、戦争、ヨーロッパの産業化と脱産業化）をめぐって、高校2年生《プルミエール》のプログラムを組織するように勧めました。

教師の好きにさせないように、私はそれを二年ごとに変えるように提案しました。歴史地理の教師たちや地理学がなくなっていくと考えた大学の同僚の反対にぶつかりました（私を墓掘人と糾弾した人もいました）。それでも私は19世紀から20世紀の鍵となる年号の教育に加えて、ヨーロッパの地図の学習を提案しました。

今、私は孫と話していて、中等教育の地理の勉強はインターネット時代の習慣を身につけるためのすべてがそろっているような気がしています。

大学の地理学はといえば、人々を引きつけるのにいまだに四苦八苦しています。地理が専門家にしか知られていないなど、普通のことではありません。他の学問に対して本当の影響力もありません。出版された本はこの点で兆候を示しています。大きな夕刊紙に書評を書く機会があったのですが、地理学では、面白くて広く読まれる作品を見つけるのに苦労しました。いくつかの例外はあります、たとえばR・ブリュネの『ダイアモンド』、J・F・スタザクの『ゴーギャンの地理学』、J・R・ピットの『ボルドーVS.ブルゴーニュ：せめぎあう情熱』、またイヴ・ラコストの『ヘロドトス』誌です。

地理学はあまりに狭く技術的で新参者には読めません。私が今そうなった、遠くからの観察者の願いとしては、新しい動きや、足跡や試みが出てくるのを見たいと思っています。けれども、新しい地理学が出てきた60年代から70年代に生産されたものに比するものは何もありません。地理学者は、それが自分のキャリアプランになければ、自分たちの計画のなかに閉じこもったままでいます。私の世代の研究仲間はだいたい私と同じことを言っています。しかし、おそらく私たちは年寄り教授になったので、新しい世代の見方に懐疑的で、単純に私たちにわからないからでしょう。

実際には、それでもポジティヴなことがあります。まずは完全にマスターされた技術。DATARでは、地理学が空間整備の分野でその地位を確保されているのを見ることができました。私が評議員だった時から、私は自分の昔の教え子を含むたくさんの地理学者と会いました。

次に、社会問題が地理学でより多く取り上げられるようになったことです、ポストモダン地理学、社会地理学がそれを引き立てているからです。地理学者は、どのような流れから来ても、人間と場所の関係や人間同士の関係という、社会的なコンテクストに自然に取り組みます。結果として、独創的な研究や多様な研究が出てきました、たとえば同性愛の地理学についての研究など（2005年の『地理学年報』の一号の冒頭論文です）。

三つ目には、自然地理学者ほぼ全体でとられた方向転換です。イヴェット・ヴェレによって進められたもので、人文地理学との対話や、今は中心的になった環境の問題を考慮して行われました。残念ながら、自然科学と社会人文科学の結合はなされていません。人は科学者（生物学者、植物学者、気象学者）に環境の鑑定を任せますが、彼らはある社会と他の社会のスケールの違いを隠しがちです。地理学者はその違いを考慮にいれるのです！　すべきことは膨大にあります。

アルマン・フレモンの主要著作

La Région, espace vécu, Puf, 1976, Champs Flammarion, 1999.

Paysans de Normandie, Flammarion, 1981.

Algérie, El Djazaïr, les carnets de guerre et de terrain d'un géographe, Maspéro, 1982.

Europe, entre Maastricht et Sarajevo, Reclus, 1996.

La Mémoire d'un port, Le Havre, Arléa, 1997.

Portrait de la France, villes et régions, Flammarion, 2001.

Les baskets de Charlotte Corday, Flammarion, 2003.

Géographie et action, l'aménagement du territoire, Arguments, 2005.

Aimez-vous la géographie?, Flammarion, 2005.

4

オギュスタン・ベルク

Augustin Berque

日本の専門家として、彼はメゾロジーなるものの発展を通じて文化地理学に貢献した。メゾロジーとは自然、生物と歴史、また客観と主観のそれぞれの次元を統合する環境についての研究である。社会科学高等研究院（EHESS）で教えながら、彼は社会科学と哲学との絶え間ない対話のなかで地理学を実践している。

1942

ラバト〔モロッコの首都〕に生まれる

1960 - 1964

パリとオックスフォードで地理を学ぶ

1969

地理学の博士論文口頭試問

1977

文学に関する博士論文口頭試問

1979から

EHESSの社会科学の教授

1981 - 1999

EHESSの現代日本研究センター長

1984 - 1988

東京日仏会館館長

2000

CNRS（国立科学研究センター）の銀メダル受賞

2007年4月

セクサワへの帰還。それはアトラス高地の西側であり、ベルクの父親が保護領時代に行政官であった地域である。地域の発展のための小さなアソシエーション「フルマ」による「オギュスタン・ベルク」と名づけられた水源の開所式。

きっかけ

地理学者になるという思いは、高校3年生《テルミナル》の時に生まれました。ルイ・ジュネという、歴史学を修めながら（彼は50年代から60年代のよく知られた歴史の収集という分野を牽引していました）、私に地理学を学びたいと思わせる先生がいたのです。とはいえ、本当に決めたのはルイ・ルグラン高校での古典文学の高等師範《エコール・ノルマル》学校受験準備学級〔第2章注1参照〕1年目の終わりでした。私はあまり優秀な生徒ではなかったので、1年留年するように言われたのです。私はそうしたくなかったし、そこでは地理学が勉強できませんでした。地理学がないことはさびしかったのです。そこで、私は文学部に行きました。

教えることは考えていませんでした。地理学で私が関心があったのは、旅行をすることと、異なる国で暮らすということでした。私の人生は最初から、外国での長い滞在に区切られていました。私が生まれたのは当時フランスの保護領下にあった国、モロッコでした（父がそこで行政官をしていたのです）。それからエジプト、レバノン、大人になってから日本にも住みました。平均して、私は2年のうち1年近くをフランスの外で過ごしたのです。それは地理学好きを強めるものでした。また言語好きも出てきます。モロッコでアラビア語を学ぶことはありませんでしたが、英語、中国語、ドイツ語、日本語、スペイン語、それから古典語であるギリシャ語やラテン語も学びました。

翻ってみると、私は自分の選択は偶然だったと思います。リサーチフィールドに東アジアを選んだこともです。おそらく家族から引き継いだものもあったでしょう。伝統として、みんな東の方を見ていたのです。曽祖父はトンキン〔現在のハノイ、またはヴェトナム北部地域を指す〕で亡くなりました〔彼は軍医であり、軍の獣医でした〕。祖父（もう一人のオギュスタン・ベルクです！）はアルジェリアの行政官でしたが歴史家でもあり、何冊かの本を書いています。アラブ＝ムスリム世界の専門家であった父と同じことはしたくなかったので、私はより東を見ることにしたのです！　大英帝国の時代に人々が言ったように、「エデンの東へ」というわけです。

私の父は子どもたちに否定しがたい影響を与えましたが、方向づけようとすることはありませんでした。逆に、彼は私たちに、私にもほかの兄弟にも姉妹にも、したいことをする自由をいつも与えてくれました。彼が一つ強制したことは、繰り返し言われたものですが、「広い世界に出ていくように」ということでした。ある時期、私たちはみんながそうなっていました。姉妹の一人は中国北部に、もう一人は中国南部に、三番目はチリに、一人の兄弟は油田のある北海に、もう一人は紅海に、そして私は日本にというように。それでもその中で、私だけが地理学者になりました。

地理の学士をとるころ、私は中国語とロシア語を国立東洋言語文化学院〔INALCO〕で学んでいました。最終的にはロシア語をやめて中国語に専念しました。しばらくして、私は新疆の中国人ムスリム地区について博士論文を書こうと考えました。しかし、文化革命が勃発しました。地理学者はそこではスパイとみなされましたし、まして20年閉ざされたままだった新疆ではなおそうでした。それで、私は中国への道を離れざるを得ませんでした。漢字の学習の時間を無駄にしないために、私は日本の方に向かいました。

学生時代

学部から第三課程[1]まで、私の地理学の学習は日本、そしてアジアからさえ遠い関係のものでしかありませんでした。学部が終わると、ＤＥＳ（高等教育免状）〔修士に相当した学位〕の時代が来ました。私はオックスフォードで勉強するための奨学金について知りました。それをもらい、1年をそこで過ごし、ジャクリーン・ボージュ＝ガルニエ[2]の指導の下、都市の工業化についての論文を書きました。

兵役の後、第三課程博士論文に取り掛かりました。ボージュ＝ガルニエにテーマをくれるように頼みました。当時、彼女は大きな研究に取り組んでいました。フランスの商業立地地図の作成です。博士論文準備者のそれぞれに、彼女は一つの県を任せていました。私はランド県を選びました。私の家族の出身地だからです。こうして、私はこの県の商業的なヒエラルキーについて調べました。最も小さい集落の役割なども検討しました。１９６０年代のことです。都市ネットワークのヒエラルキーは地理学の主要な課題でした。１９６９年に私はこの論文を終えました。この道を続けていたら、私は当時発展しつつあった計量地理学の方へ行ったでしょう。私のその後の仕事から見れば、あれは結局…本筋ではありませんでした。

1　現在でいう博士課程。
2　パリ大学に所属していた地理学者。訳書に『都市地理学』（G・シャボー共著、木内信蔵・谷岡武雄訳、鹿島研究所出版会、1971年）、『ラテンアメリカの経済』（大原美範訳、白水社〈クセジュ文庫〉、1971年）、『地理学における地域と空間』（阿部和俊訳、地人書房、1978年）。

論文を終える前の1967年に、私は都市地理学を教えるために美術学校《ボザール》の助手に採用されました。しかし、私には教授経験は全くありませんでした。そのうえ、私は博士論文を書くのと同時に、日本語の授業で忙しかったのです。地位を築くのにはこうにも苦労しました。さらには私の最初の年は68年5月〔第2章注3参照〕にぶつかりました。実は伝統的な方法に異議申立てがなされた建築の教育では少し早く始まったのです。長い抗議活動がありました。翌年も、状況はほとんど落ち着きませんでした。こうして、そこで何をしたかもわからないうちに、私は離職しました。仕事を失ってでも、私は1969年の夏、博士論文の口頭試問を終えた後、日本に向かうことにしたのです。

往路は叙事詩のようでした。1週間かかったのです。予定外のトランジットがジュネーヴとカイロとボンベイでありました。私はどこに住むかも決めずに出発しました。最初は日本語は片言しか話せませんでした。しかし、現地では早く学ぶものです。東京は衝撃でした。西洋や植民化された国しか知らなかった私にとって、それは非西洋でありながら超近代的な世界の発見だったのです。

博士の称号があったので、私は仕事を見つけることができました。最初、個人教師をしていましたが、次にはアテネ・フランセでの講座を手に入れました。国家博士[3]を日本について書くという考えがすでに私に取りついていました。出発前、私は国立東洋言語文化学院で当時この国の地理の授業をもっていたジャン・デルヴェール〔第2章注7参照〕にこの計画を見せました。しかし、私はまだ具体

3 以前、フランスには第三課程博士と国家博士の二種類の資格があり、しばしば国家博士論文がその研究者の最大の研究成果となっていた。

メディアンス〔風土性〕とメゾロジー〔風土性研究〕

1969年の夏に初めて日本に行った頃、ボージュ＝ガルニエが連絡先を教えてくれた地理学者と会いました。

小堀巌という人で、乾燥地帯の国の専門家です。彼は私にすぐに古典である和辻哲郎の『風土』（1935年）の英訳を渡してくれました。和辻は風土性という概念の提唱者で、それを私はのちに「メディアンス」と訳すことになります。当時、その本は私の手に負えませんでした。まずは地理的決定論の使い古された主題にしか見えませんでした。ところが、10年ほど後に私はそこに戻ってきました。そのあいだに、私は原書を読むことができるようになっていました。私は英訳で示されたのとは全く別のことをそこに見出したのです。英訳は彼の問題意識からそれており、彼の中心的な概念である「風土性」さえ訳していなかったのです。和辻はそれを「人間存在の構造契機」と定義しています。厳密にはまだ私にはわかりませんでした。その意味をつかむのにはさらに10年ほどかかりました。

私はそれでも「風土」を milieu《ミリュー》 と訳していました。「風土性」にあたる言葉を見つけるのは問題でした。「性」というのは概念化を示していて、フランス語の「-ité」のようなものです。ところが、我々の言葉の方には milieu から派生した概念がなかったのです。一つ創り出さなければなりませんでした。それ自体で意義深いことです。フランスの地理学は milieu を重要な概念の一つにしてきましたが、milieu に属することを概念化する必要を見出さずに来ました（それが「風土性」の意味するところです）。日仏会館で使える辞書を引いて、milieu の語根の med- から、ルネサンス時代の言葉の médiété を見つけました。それはラテン語の medietas（中間的な性格、半分）から来ています。接尾詞に同じ意味をもっていて人口に膾炙した -té ではなく、-ance を選び、1985年に私はメディアンスという言葉にたどり着きました。しかし、さらに1990年代に入ってようやく、私は和辻が「風土性」に込めた意味を理解したのです。その間に、私はハイデガーの『存在と時間』を読んだのです。それへの応答として『風土』が書かれており、それを私は過小評価していました。いうなれば、物事はその文脈、あるいはひとつのmilieuにおいてのみ意味をもつということを示しているのです。メディアンスは、まさにそういうことです。つまり、人間を構成する二つの「半分」、一方にはアンドレ・ルロワ＝グーラン（フランスの人類学者）が言う個別の「動物的身体」があり、他方には人間のmilieuに特有の技術的・象徴的システムで構成された、彼が「社会的身体」と呼ぶものがあり、その間の動的な関係（「契機（moment）」）のことなのです。和辻はもちろん、ひと世代あとに書かれたルロワ＝グーランを読んでいませんが、彼はこの構造を感じていたと言えます。

メゾロジーという概念は、メディアンスを対象とする学問領域を示すために自然に出てきました。私の考えでは、メゾロジーは人間のmilieuの研究です。それは象徴的次元と技術的次元を統合して、エコロジーの先に行きます。歴史の皮肉ですが、この語はルイ・アドルフ・ベルティヨンによって1865年につくられました。それはドイツの植物学者ヘッケルの「エコロジー」よりも1年前のことです。エコロジーの方は知っての通りずいぶん知られたのに対し、「メゾロジー」は（『19世紀ラルース』（19世紀のフランス語辞書）のなかに大きく書かれたのちには）私たちのボキャブラリーから消えてしまいました。

的なテーマをもっていませんでした。

偶然、北海道大学の講師のポストが空きました。それで、北海道の植民地化について研究することにしたのです。私は毎日地元の新聞を読むことに集中し、人々が抱えた問題を理解しようとしました。北海道のアイデンティティという問題が何度も出てくるのに気付かざるを得ませんでした。それが私の博士論文のテーマの底にあります。つまり、移民が新しい社会を生み出す仕方です。その後、私はそこで人間社会の一般理論について考える素材に出会いました。要するに、物事は一つ一つ、偶然の中で、あとになってから意味を成すようになされていくのです。

私は1977年の秋に博士論文の口頭試問を受けました。北海道に着いてから7年後のことです。タイトルは「北海道という巨大な大地」で、サブタイトルは「文化地理学的研究」です。「文化地理学」という表現はフランスの地理学で使われ始めていました。

地理学への貢献

風景[4]（paysages）への独創的なアプローチ

1978年、アラン・ロジェという哲学者が博士論文をもとにした著作を出版します。『ヌードと風景』です。彼はそこで「技法化（artialisation）」という理論を展開しています。自分なりの見方を

4　フランス語の paysage は基本的には「景観」と訳したが、翻訳書に対応させて「風景」とした箇所もある。

形成することで私たちが周りを風景としてみるようになるのはその技法（art）だという考えです。この本は風景という概念は歴史的に作られた現実性なのだということを私に気づかせました。しかし、風景はまた生物学的・物理的基盤を持っています。問題はこの両義性です。

日仏会館の館長になって、私は日本の都市環境の質についての調査プログラムのリーダーとなりました。1987年に、私はこの枠組みで、当時環境省で働いていたリュシアン・シャバソンの勧めにしたがい、「フランスと日本における風景研究」というシンポジウムを企画しました。シャバソンの紹介でランドスケープデザイナーのベルナール・ラシュにも会いました。パリにもどり、私はまた1990年にポンピドゥー・センターで『討論（*Débat*）』誌とともに「近代的風景の向こうへ」というシンポジウムを企画しました。この出会いはラシュが長い間考え続けてきた計画をはっきりさせることにつながり、風景についての博士課程の教育をつくり出しました。彼は1990年代の初めにパリ＝ラ・ヴィレットの建築学校とEHESSのDEA（高等教育免状）コース「庭園、風景、領域」を結びつけました。

私たちの「流動性」を特徴づけるものは、風景を客体として考えず、とくに環境との関係で考えることです。「文化的」と評されるアプローチです。風景の歴史性について関心をもったことで、私はまた中国と結びつくことになります。そこでは、早くも4世紀ごろに、風景の美が生まれたのです。

近年は、私は拡散する都市性というテーマに関心をもってきました。それは「非持続的な居住」という共同調査プログラムを動かすことにつながりました。とくに、人々が都市から離れ、田舎に住むことを促す動機の歴史をたどることでした。拡散する都市性は、自動車の普及の影響で豊かな国々で伸長しており、三つの極が突出しています。ヨーロッパ、合衆国、そして日本です。それはヘシオドス（紀元前8世紀）の時代に書かれた神話にまでたどることができました。類似の神話が中国にあり、それは六朝時代（3〜6世紀）に引退した官僚（陶淵明のこと）によって発明された風景の美学のもととなっています。その考え方は、決定的な役割を演じました。18世紀のヨーロッパで二つの伝統が出

402年ごろにつくられた陶淵明の詩

結廬在人境　（廬を結んで人境に在り、）
而無車馬喧　（而も車馬の喧しき無し。）
問君何能爾　（君に問ふ何ぞ能く爾る、）
心遠地自偏　（心遠ければ地自ら偏たり。）
採菊東籬下　（菊を東籬の下に採り、）
悠然見南山　（悠然として南山を見る。）
山氣日夕佳　（山氣　日夕佳なり、）
飛鳥相與還　（飛鳥　相與に還る。）
此中有眞意　（此の中眞意有り、）
欲辨已忘言　（辨ぜんと欲して已に言を忘る。）

（読み下し文は、幸田露伴・漆山又四郎訳注『陶淵明集　岩波文庫復刻版』一穂社、2004年による）

陶淵明（365-427）は六朝時代の官僚です。彼は出世を放棄して田舎に引っこんだと詩のなかで言っています。私は彼を1999年に日本語訳で見つけました。私は彼が自然との深い調和を示していることに関心をもちました。廬山（老荘思想や仏教の宗教的なコノテーションがある豊かな歴史を持つ有名な山）の後ろに太陽が沈み、他方で鳥たちは巣に戻る。二つの動きはつまり、詩人が田舎にもどることを暗喩的に表現しています。彼はそこを離れるべきではなかったのです。7行目（逐語訳では「日が落ちるときの山の空気は気持ちがよい」）は、美的であり、倫理的でもあります。すべてが宇宙的な調和のなかにあり、詩人はまた「真意」、真正性を感じるのです。つまり、陶には言い表せない。そこから最後の行が来ます。

会います。イエズス会が中国庭園の風景美学を知らせてくれたのです。それは新たなジャンルの誕生を促しました。イギリス＝中国庭園や、さらには、引退した官僚の隠れ家から派生した、自然のなかに孤立した住居というモデルです。

このプログラムは、２００１年に始まって、２００６年に「持続不可能な都市」シリーズの本として出版につながりました。

影響を受けた人

私はよい先生がいる学部にいましたが、誰かの弟子というわけではありませんでした。風土《ミリュー》という問いへの関心は日本の哲学者の和辻哲郎を読んだことと、日本を知ったことから来ています。実際のところ、私は具体的な経験と別々の視野をもつ人々との出会いによって豊かになるような、帰納的な研究を進めてきました。そういう出会いは、それまで潜在的であった物事をはっきりとさせます。結局、決定的な仕方で自分を特徴づけた著書を書いた人としては、あまり地理学者はいません。それは普通のことです。地理学は原理的に私たちを別のところを見に行くように促すのですから！

若い時、私は『空間と社会（*Espace et société*）』（どちらかといえば社会学的で、地理学者は何人かしか協力していなかった学術誌です）を購読していました。そこで重要だった人物はアンリ・ルフェーヴルで、私は非常に影響を受けました。とくに１９７４年に刊行された『空間の生産』（斎藤日出治訳、青木出版、２０００年）を読んだことは、私に一つの転機をもたらしました。ルフェーヴルは空間の三重性を強調しています。それは物理的で、社会的で、精神的なものです。1982年に『空間の日本文化』の構成でそれを援用しています。私は1976年の『日本、空間の管理と社会の変化』という最初の本のなかで適用した空間の管理という考え方においても彼に負っています。

同じように決定的だったのはルロワ＝グーランの『身ぶりと言葉』〔日本語訳、荒木亨訳、筑摩書房、1973年、文庫2012年〕を読んだことでした。1996年になって初めて読みました。彼は人間の空間は彼が動物的身体と呼ぶ個別のものと社会的身体と呼ぶ技術的・象徴的体系で構成されたものの間の相補的な関係によってあらわれてくるといっています。私はここにメディアンスの積極的な表現を見ました。それは私にとって和辻の著作のなかで見つけたこの概念を単独の現象学の世界へと解き放つものでした。少し後に読んだものとして、メルロ＝ポンティの『知覚の現象学』〔日本語訳、竹内芳郎・小木貞孝訳、みすず書房、1967年〕がありました。1945年に出版された古典ですが、1990年代の終わりになって読みました。そこでは私はメディアンスに肉体を与える身体性（corporéité）と出会いました。

とはいえ、地理学者の著作も私の二番目の博士論文において重要でした。たとえば、クラヴァルの『社会地理学原理』は、社会関係への射程について私に強く意識させました。

1979年から、私はEHESSで教えています。ここでは地理学はあまり強くありません。要するに、私はむしろ周辺的で、いろいろな意味でそうです。私は外国で子ども時代を送りました。日本でさえ、私のフィールドは北海道で、周辺に位置しています。小さな話では、そこに住んでいるとき、私は自分の名前を書きかえるのにしばしば漢字を使っていました。そういったことは、「周辺に長く滞在した人」を意味します。

ですので、私の地理学という分野との対話は決して終わっていないのです。私はそれをオリヴィエ・ドルフュス[5]に負っています。彼は私を『地理空間』という雑誌の編集委員会に入れたのです。私はそこでブリュネやクラヴァルといったフランスの最も素晴らしい地理学者の何人かと出会い、彼らの議論から学ぶことができました。

現在の地理学をどうみるか

地理学がほかの学問分野ほど人気がないことは事実です。それはフランスに特有でもありません。どこでも歴史学にはより多くの聴衆がいます。地理学は流行の奴隷となってきました。私が支持できない計量主義的アプローチのような流行です。私が支持しないのはとくに数学の能力がないからですが、より根源的には、別の文化に接するには量的アプローチが考慮しなかった、より重要なものがあると感じたからです。

ＥＨＥＳＳでは、私が採用されたのは地理学者だからではなく、日本研究者だからです。地理学者はそこではごく少数です。支配的な学問分野は歴史学です。次には人類学で社会学です。それは必ずしも無関心ということではありません。むしろ、大学における地理学の重要性への反対意見なのです。

5　フランスの地理学者。訳書に『地理空間』（山本正三・高橋伸夫訳、白水社、１９７５年）。

ています。私たちはイグナシー・サックス、生態発達学の考案者を位置づけるような教育の枠組みのなかで働いていました。

私は幸運にも地理教育体系のなかに閉じ込められることがありませんでした。私の最初の教育のポストは美術学校《ボザール》でした。日本では、私はフランス語を教えました。周辺的であるという状況が、私の仕事の方向性において多くの柔軟性をもたらしました。それでも、私の根底にある問いは地理学的な問いのままでした。私たちの時代の大きな問題を問うことを最もよくできるのはこの学問分野です。すなわち、地球の可能性に私たちの文明を合わせることです。

もし私が地理学の研究に取り組む学生たちに助言をするなら、私は外国にフィールドをもつ重要性を強調するでしょう。別の場所を見る時間をとることは重要です。確かに、それは二重に意味があります。一つには、それはあなたの心を開きます。もう一つには、それはあなたを職業コミュニティから遠ざけます。それによって、キャリアを進めることに危険が伴っていてもです！

今日、世界中を移動することは非常に簡単なので、ひとは外国でフィールド調査をすることは同じくらい簡単になったと信じてしまうかもしれません。私はそうは思いません。移動することと、外国の環境に身を投じることとは別のことです。私は日本に行って、そこで暮らさなくてはならず、キャリアを積まなければなりませんでした。インターネットが情報へのアクセスの新しい可能性をもたらしたことは否定できません。しかし本質的なものは別の土地やそこで生きる人々との肉体的な接触にあるのです。

オギュスタン・ベルクの主要著作

日本について

Le Japon: gestion de l'espace et changement social, Flammarion, 1976.

La Rizière et la banquise: colonisation et changement culturel à Hokkaidô, Publications orientalistes de France, 1980.

Vivre l'espace au Japon, Puf, 1982.『空間の日本文化』（宮原信訳）、筑摩書房、１９８５年

Le Sauvage et l'artifice. Les Japonais devant la nature, Gallimard, 1986.『風土の日本―自然と文化の通態』（篠田勝英訳）、筑摩書房、１９８８年

Le Japon et son double. Logiques d'un autoportrait (direction), Masson, 1987.

Du Geste à la cité. Formes urbaines et lien social au Japon, Gallimard, 1993.『都市の日本―所作から共同体へ』（宮原信・荒木亨訳）、筑摩書房、１９９６年

都市について

La Qualité de la ville. Urbanité française, Urbanité nippone (dir.), Tokyo, Maison franco-japonaise, 1987.

La Ville insoutenable (codir. avec Philippe Bonnin et Cynthia Ghorra-Gobin), Belin, 2006. Issu du colloque organisé en sept. 2004 à Cerisy sur les sources de la « ville-campagne ».

風景について

Médiance. De milieux en paysages, RECLUS / Documentation française, 1990. Une présentation d'un concept clé.『風土としての地球』（三宅京子訳）、筑摩書房、１９９４年

Les Raisons du paysage. De la Chine antique aux environnements de synthèse, Hazan, 1995.

Mouvance II. Du jardin au territoire, soixante-dix mots pour le paysage (dir.), éditions de la Villette, 2006. Réédition enrichie d'un ouvrage publié en 1999.

Entre Japon et Méditerranée. Architecture et présence au monde (avec Maurice Sauzet et Jean-Paul Ferrier), Massin, 1999.

メゾロジーについて

Être humains sur la terre. Principes d'éthique de l'écoumène, Gallimard, 1996.

Écoumène. Introduction à l'étude des milieux humains,. Belin, 2000.『風土学序説―文化をふたたび自然に、自然をふたたび文化に』（中山元訳）、筑摩書房、２００２年

〔その他の日本語訳〕

『日本の風景・西欧の景観―そして造景の時代』（篠田勝英訳）講談社、１９９０年

『都市のコスモロジー―日・米・欧都市比較』（篠田勝英訳）講談社、１９９３年

『地球と存在の哲学―環境倫理を超えて』（篠田勝英訳）筑摩書房、１９９６年

『風景という知―近代のパラダイムを越えて』（木岡信夫訳）世界思想社、２０１１年

『理想の住まい―隠遁から殺風景へ』（鳥海基樹訳）京都大学学術出版会、２０１７年

ほかに短文の寄稿なども多数ある。

5

イヴェット・ヴェレ

Yvette Veyret

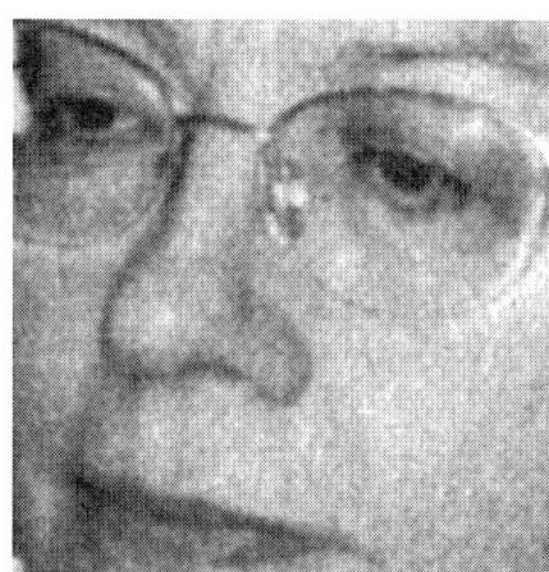

地形学を学んだあと、彼女は自然地理学と人文地理学を近づけるのに貢献した。環境の人間化を対象とする研究から始め、リスクの地理学へと到達する。その展開から必然的に彼女は持続可能な開発の問題に関心が向き、中等教育においてそれを普及するのに貢献している。

1943

ククロン（アルデシュ県）に生まれる

1968

教授資格試験（アグレガシオン）

1978

博士論文口頭試問

1980

クレルモン＝フェラン大学教授

1968 - 1985

クレルモン＝フェラン大学講師、後に教授

1985 - 2000

パリ第Ⅶ大学（ドニ・ディドロ校）教授

2000～

パリ第Ｘ大学（ナンテール校）教授

2005～

フランス地理学委員会　委員長

きっかけ

教師だった私の母（中学1年生《スィズィエーム》まで私自身の教師でした）は、地理が大好きでした。彼女は私に地理学をするようにたきつけたりはしませんでしたが、確かに私が地理学を志すのに関係していました。私自身の娘も今地理学者になっています。遺伝的な説明をしないように気をつけなければなりません！

それから、私は子ども時代をマッシフ・サントラル（中央高地）の村で過ごしました。児童がほとんどいない学校で、女の子は私一人だけでした。私の主な趣味の一つは読書でした。私は母の地理の教科書や本を興味をもって読みました。貧しい環境にいたので、子ども時代にはあまり旅をする機会がありませんでした。旅をしたり、夢見たりする感覚は本から得ていたのです。非常に惹かれた図版の思い出があります。歴史上の表象ですが、ポワティエのノートルダム・ラ・グランド教会です。私の感覚では、それは美の、そしてエキゾチックで他所のものの極でした。のちに、博士論文の機会に私は初めて大きな旅をしました。それは必要に応じたものでした。私は知りたいと思って旅したのです。夏を何度かカナダで働き、うち二回は極北でした。大変な発見がありました。私はシロクマから身を守るために、照明弾の入ったカービン銃を撃つことを覚えなくてはならなかったのです。ありがたいことに、それが役に立つことはありませんでしたが。

学生時代

中学校では、やはり歴史地理の先生の影響を受けました。でも私たちが習った地理学は、引出しに入った地理学で、問題に向き合うものではありませんでした。私は純粋に記述的な過程よりは、夢をもたらしてくれる部分が好きでした。若くして未亡人になった母は、三人の子どもを一人で育てなければなりませんでした。彼女は私に教師になることを思い描かせました。師範学校の授業は無料でしたから。また私に向いてもいたのです。私は師範学校に14歳で入りました。アルデシュの師範学校は哲学のバカロレアを準備することができなかったので、私はグルノーブルの学校に送られました。バカロレアにつづいて、校長は私に中学校の先生になれるよう、ＣＡＰ（初等教育免状）の準備をするように提案し、さらに２年かかりました。この時に私は教養課程でフランス語と英語のほかに地理学を選びました。

地理学でとくに成績が良かったので、地理学研究所の教師たちは私にこの分野で勉強を続けるように励ましてくれました。その間、私は学生講師の試験に受かって、空いているポストを見つけ、母に財政的に頼ることなく、また同時に教えることもなく、大学の勉強を続けることができました。グルノーブルで、私は修士を取りました。当時隆盛の分野でした—地形学です。指導教官はジャン・マスポールでした。私の論文はローヌ低地の平野の段丘の歴史に関するものでした。これは転機でした。私はフィールドワークの面白さに出会ったのです。容易というわけではありませんでした。テーマは学生や駆け出しの研究者が扱うにはかなり難しかったのです。修士と同じ年に、私は中等教育免状《カペス》の試験にも受かりました。次にめざすべきは教授資格試験《アグレガシオン》でした。私は原則的には女学生向きとされていた歴史地理の教授資格《アグレガシオン》を選ぶことになっていました。結局は、私は男性用の地理学の教授資格《アグレガシオン》（当時、対になっていたのは、男性用の歴史学の教授資格《アグレガシオン》でした）を取ることを許されました。一五人受験して、六人しか受かりませんでした。１９６８年のことです。

その後すぐに、私はクレルモン＝フェランの学部で助手に任命され、アラン・ゴダールのもとで博士論文の研究を始めました。最初、私は地形学のテーマで研究をしたいと思っていました。北極地方では、私は２ＣＶ〔シトロエン社の小型車〕を乗り回しながらラップランドで３か月過ごしました。こういう地域では一人で仕事をするのは難しいと気づかざるを得ませんでした。湿原を何時間も孤独に歩かなければならず、士気が落ちてきます。加えて、道が悪いので車の事故に遭うという問題もあります。マッシフ・サントラルの第四紀の氷河に関する研究ができるようになると、ゴダールは私にそれをするよう提案しました。私はオーヴェルニュの古環境、つまり、過去の氷河期の出来事とその地形学的な手掛かりについて最も良い条件で研究することができました。

ラップランドでの経験は、それでもやはり有意義でした。ヘルシンキ大学とウプサラ大学の研究者、うち一人はドイツ人でした、彼らとコンタクトをとることができたからです。それからずっと連絡をとり続けています。博士論文のために、私はスカンジナヴィアに戻って、比較のためにアイスランドやカナダにもいきました。

私は博士論文に９年近くかけました。１９６９年の末から口頭試問を受ける１９７８年まで、当時としては比較的短い方でした。私は授業のない期間を、常に快適とはいえない気候条件のもとで多くの時間を歩き続けるようなフィールドワークをするのに使いました。地形学の勉強は、言葉の本来の意味でも、本を読んだり出会ったりという比喩的な意味でも、歩くことでなされました。私はとくに、最終的なポストとしてクレルモン＝フェランに戻る1年前に、ナンシー大学で研究していた地質学の知識を広げなければなりませんでした。

地理学への貢献

自然地理学と人文地理学の対話

ある意味で、私の博士論文は古典的な技法でした。私は地球の歴史への貢献としてそれをめざしていました。古環境の研究は「気候変動」を検討するのに役立つ可能性があると後で知りましたが、その時は気づいていませんでした。人文地理はあまり（全然とは言いませんが）魅力的ではありませんでした。

この分野の地理学（人文地理学）と自然地理学を交差する研究を始めたのは、博士論文のあとです。人文地理学にはクレルモン＝フェランでの教育のために関わり始めました。私たちの部門にはあまり教員がおらず、人文地理学の授業も（とくにカナダについては自然も人文も）引き受けなければならなかったのです。ルネ・ヌボワという同僚も、自然と人文の交差を進めるのに貢献しました。彼は地形学の分野で南イタリアの研究をしていましたが、そのなかで水の流れに沿ったある種の堆積物は人間の活動によってしか説明しえないことに気づいて、古代ギリシャ人が南イタリアに来たことと関係しているとしたのです。私たちは人間の行動についての対話を始め、このテーマについての授業を共同で行いました。ヌボワは刺激的なテーマの本を刊行しました。『人間と浸食』です。

１９８０年代の初めに、私は自分の研究になにより社会を組み込む必要を示しました。そこで私は人文地理学に自分を向かわせる目的でサン＝クルー〔パリ西郊〕の高等師範学校《エコール・ノルマル》の研究所（そこは森についての研究をしていました。全くもって二つの地理学の界面にある対象です）に加わりました。新しい場所で、私は農業と環境負荷について研究を始めました。それは、出版のための研究会（一つは土壌の浸食に関するものでした）や、農家やワイン製造者や農業会議所へのたくさんのフィールドワークに道を開きました。

ほかの自然地理学者も人間の要素を考慮に入れ始めていました。私としては、古めかしい環境研究をすぐにやめたわけではありませんでした。博士論文のあと、私は北極の環境研究をしにカナダを訪れました。次に私はシリー諸島（イギリスのコーンウォール地方）やシェットランド（スコットランド）での仕事をし、地形学の同僚と出版をし、連絡を取り続けていました。10年の間、私はこうして並行した二つの道を辿っていたのです。最終的に、私は１９９０年代の間に古い環境研究をやめました。私が本当に自然と社会の関係を再考することを始めた時から、認識論的な秩序の問題、たとえば人が自然ということで意味するものについての問題にぶつかりました。私は地理学と生態学《エコロジー》の関係も見直しました。社会において１９７０年代から80年代に生まれつつあったエコロジー運動を介して自然に戻る意思が社会において表明されていたまさにその時に、地理学が自然の次元を放り出したという状況を見るのは興味深いです。つまり地理学者は生態学者によって提示された議論の関係当事者ではな

環境（environnement）の概念

自然と社会のインターフェースという意味をもって環境の概念を地理学の考察対象に再度加えることは、重要な意味をもったことです。環境は、野生動物と植物種のみへの視野を持った自然を考える生態学の同義語ではありません。そうできるときはいつも、環境という用語が別の次元を包含することを思い出さなければなりません。自然の所与に加えて、文化的な次元が本質的なのです。自然は社会的文化的構築物で、政治的な事物です。この視点から、環境は都市的であるのと同様に農村的であり得ます。

翻って見ると、ある程度この環境の見方の先駆者であった地理学者たちがいたことに気づきます。私は人間と自然のこのインターフェースに気づいた人として、とくにマックス・ソールと病気と病院の複雑さについての彼の研究を想います。すでに１９４２年に、ドマンジョンは環境の同義語として地理的環境《ミリュー》について語っており、この言葉を人間化された自然環境《ミリュー》と考えています。前進したのは切り出し方です。

かったのです。それでも、地理学者のなかで自然と社会の関係に戻ろうとする人もいます。１９９３年に、ピエール・ペックと私自身は『人間と環境』という雑誌を発行しました。そこでは環境という概念を定義しようとしており、環境は自然と社会を統合する社会的構築物としています。この立場は生態学者の見方と一線を画しています。

私は中等教育に熱中しており、１９８０年代から変わっていません。80年代のルゴフの委員会を通じて、私は早くから改革にかかわっていました。私は教師と教育検査官の質問に向き合わなければなりませんでした。教員試験にも早くからかかわりました。責任重大でしたので、私は中等教育の地理と大学の地理学を近づけるよう努力するようになりました。

人文地理学への私の関心はそれ自体でうまくいくものではありませんでした。しかし、もし同僚がそれを曲解と見たなら、私のキャリアはこの岐路に非常に苦しまなければならなかったでしょう。私の選択はキャリアプランに合ったものではありませんでしたが、知的な必要性にその都度応えるものでした。不満があるとしたらせいぜい、私のキャリアはもっと国際的な次元に行くこともできたのにということです。博士論文のあと、少し遅くに娘を授かったので、彼女のそばにいるためにあまり出かけすぎないようにしたのです。

リスクの地理学から…

１９８０年代から、私は農業と環境の関係に興味をもち始めました。驚くことは何もありません。自然地理学者は伝統的に都市よりは農村の世界に近さを感じているのです。サン＝クルーの高等師範学校《エコール・ノルマル》の研究所における私の最初の貢献は、この関係における知の状態でした。土壌の浸食と洪水に関する私の研究は、とくに共通農業政策によって導入された区画の拡大の影響のもとで、私をリスクという問題にすぐに向き合わせました。

パリ第Ⅶ大学で、私は環境技術者の育成コースに加わりました。それはまた別の転機でした。法学者や造園家、物理学者と一緒に、環境とそれに関連するリスクに取り組むという形で、考えさせられました。しかも私はこのテーマについて、パリ第Ⅰ大学で、もともと「自然」の管理法や使用法について考えざるを得なかった空間整備や都市計画の指導者を育てる枠の授業をしていました。この授業は『ジオ環境』という本のもとになりました。そこでは、私はリスクや、より広く環境の問題に取り組んでいます。なぜこんな一見過度なタイトルにしたのか。なぜなら、長いこと、環境は生態学の同意語だったからです。ジオ環境について語ることは、地理学の視点を再度主張する仕方です。地理学は、その歴史自体から（19世紀の自然主義的な地理学など）、自然に関する問題についての関係当事者でしかありえません。私は次に浸食についての本を編集しました。そこでは、地理学的で、多様な環境での、自然的な要素と人間的な要素の間の役割が、多様なスケールで論じられています。１９９３年に出版された『人間と環境』ですでに、ペックと私は、資源、農村的な景観と同時に都市的な景観、自然的であると同時に工学的あるいは社会的なリスクから環境を特徴づけています。

…持続可能な開発へ

リスクから始まって、私の関心は当然、その解決と限界、つまり持続可能な開発に向かいました。たくさんの本を読むなかで、この概念と出会っていました。それが私たちの実践について反省することを可能にしてくれるにしても、それは必ずしも地理学のものではない、自然の生態学的な見方にとらわれてもいることを考慮しつつ、その概念の脱構築を進めました。この見方は１９９２年のリオの地球サミットの時にはっきりとして、そこでは自然を守るために持続可能な開発の経済面と社会面が後ろに追いやられていました。そこから地理学者はこの概念に関してしばらく留保していたのです。地理学は、人間と技術の責任を強調して、人間を問題の中心に置きますが、徹底して人間に罪悪感を抱かせて、破局的で懐古主義的な見方のなかに陥らないようにします。研究所の計画において、私は中学校や高校の教育のなかに持続可能な開発のための環境教育を導入することに貢献し、とくに国民教育の専門家に向けたたくさんの会議のなかで、この概念を説明しました。

影響を受けた人

まずジャン・トリカールを挙げましょう、ほとんど面識はないのですが、私の研究の進化において主要な役割を果たしました。地形学者で、彼は自然地理学を空間整備の問題に導くことに貢献しました。私は彼の『応用地形学』(マソン社、1978年)という本をわくわくして読んだ時のことを思い出します。彼は次のように書いていました。「地理学は人々が生きること、あるいはよりよく生きることを助けなければならない。」彼の自然と社会の関係についての省察はまだ生態学から借りてきた概念で進められているものの、彼は突破口を開いたのです。

ピエール・ジョルジュ〔第1章注3参照〕も挙げましょう、彼の1971年に出版された環境に関するクセジュ文庫〔日本語訳『環境破壊』寿里茂訳、白水社、1972年〕は自然と社会の関係を非常に現代的な形で見ています。面白いことに、(二回再版になったにもかかわらず)この小さな本は地理学者にはほとんど気づかれないままです。私自身、ずいぶん後になって見つけました。それが示された時には非常に新しかったはずの自然と社会の関係の考察が含まれています。

そして、自然地理学と人文地理学の関係をより形式化したジョルジュ・ベルトランがいます。彼は自然と社会のインターフェースとして風景論を研究しており、厳密な定義と、厳格に自然地理学的な見方から出ることの二重の難しさにいつも向き合っていました。私たちは自然と人間の次元を統合する全体的な対象を示す「ジオシステム」という概念を彼に負っています。『横断する地理学』（2002年、C・L・ベルトランとの共著）のなかで、彼はその社会的・政治的側面を展開しています。見かけ以上に興味深いのは、私は彼と話す機会がなかったことです。せいぜい研究会ですれ違うぐらいだったのです。後悔していることの一つですが、たぶん遅すぎるということはないでしょう。

また、出版物で関心のある地理学者はたくさんいます。ロジェ・ブリュネ、クリスチャン・グラタルー、ジャック・レヴィ、ポール・クラヴァル、M・リュソー…私の分野では起こりえない地理学者と出会うことは、私には不可欠に思えます。もしそれが非常に多様な仕方でなしうるなら、地理学は横断的な定

ブリューゲル（父）の作品

私はとくにブリューゲル（父）の絵や素描、1553年にペンで描かれた「アルプスの風景」のような作品に非常に感銘を受けます。情熱にあふ

アルプスの風景

Photo©Musée du Louvre, Dist. RMN-Grand Palais /Martine Beck-Coppola/distributed by AMF

れ、彼は画家たちが当時見つけている山の豊かさを見せています。このエッチングで示された広大さは、描かれている人物と対照的です。自然のなかの人間の位置から、自然と社会の関係についての省察を見出せるのです。その見方は宗教的な着想につながっています。（この場合にはプロテスタンティズムです。）

着点を提供することになります。私はいつも学生に言っているのです。好きなフィールドを出て、厳密にはあなたの分野ではない地理学者の本を読み、外で何をなしうるのかを見ておいでと。それは自分の考えを修正するのに役立つのです。

現在の地理学をどうみるか

地理学は長い間、1970年代まで主流だった自然地理学と、刷新されつつある人文地理学との間の対立に苦しんできました。フランス自然地理学会の会長として、私はこの内部の対立のなかで過ごしました。

私は社会地理学や新しい地理学が登場してくるのを見ました。そこに関わることはありませんでしたが、私はすぐに彼らの関心と限界に気づきました。それらが時には徹底的に自然の要素に背を向けるのをしばしば残念に思っていました。自然の要素は先立つものではないにせよ、多くのケースで考慮に入れるべきものでした。

地理学に深く刻まれた対立は、私にはこの学問分野の将来において時に非常に心配なものです。事物は変化します。地理学は、まだたとえば社会学などほかの分野との関係で位置づけられているにせよ、以前よりはっきりした位置づけを見出されています。

「ベツレヘムの人口調査」（1566年）、こちらは冬の、雪のある、素晴らしく詩的な風景で、その中で農民が動き回っているところを示しています。ブリューゲルはユマニスト《人間主義者》で、この絵ではそれを大胆に表現しています。人間は彼の作品のなかで、風景や自然に対して主要な位置を与えられ続けています。

今日、空間整備に結びつけられた環境論的なアプローチは、地球の自然的な機能の認識を常に仮定します。だから私は自然地理学のために闘い続けます。

地理学者は前よりもメディアに出ているようです。この点では、サン・ディエ・デ・ヴォージュの地理学国際フェスティヴァルを称賛すべきでしょう。それはこの学問分野を多様性において知らせ、紋切型（たとえば引出しに入った学問分野であるなど）からそれを救い出すのに貢献しました。地理学者ではない人が、地域や空間整備への私たちのアプローチへの関心を高めていると表明しています。リスクの専門の地理学者は常に、私が特にそうですが、自然災害防備団体の専門委員会の副代表になることを乞われます。このリスクの自然的な要素を分析し、管理の仕方の勧告をつくるという私たちの二つの力がこの状況を正当化します。

イヴェット・ヴェレの主要著作

Modelés et formations d'origine glaciaire, 2 vol., Presses de l'Université de Lille, 1981.

自然地理学と人文地理学の関係について

L'Homme et l'environnement (en collaboration avec P. Pech), Put, 1993, rééd. 1997.

L'Érosion entre nature et société (en collaboration), SEDES, 1998.

Géographie physique. Milieux et environnement dans le système terre (en codirection avec J.-P. Vigneau), Coll. D, A. Colin, 2002.

Géoenvironnement, SEDES, 1999, rééd. 2004.

Dictionnaire du géoenvironnement (dir.), A. Colin, 2007.

リスクと持続可能な開発について

Géographie des risques naturels, Documentation française, 2001, n° 8023. *Les risques* (dir.), Armand colin, 2003.
Géographie des risques naturels en France. De l'aléa à la gestion, Hatier, 2004.
Le Développement durable : approches plurielles (dir.) Hatier coll. Initial, 2005.
Développement durable, quels enjeux géographiques? (avec G. Granier), La Documentation française, dossier doc. photo n° 8053, 2006.
その他
Les fondamentaux de la géographie (codirection avec A. Ciattoni), A. Colin, 2003.
Les énergies (codirection A. Ciattoni), Hatier, 2007.

6

アントワーヌ・バイイ

Antoine Bailly

60年代から70年代に、彼は当時、英語圏の新しい地理学の中心であった計量地理学のフランスへの紹介に貢献した。その後、彼は空間の表象に関心をもつようになる。二つの行程によって、統計データと患者の認識を交差させ、健康の問題点という独自のアプローチを作ることにつながった。

1944

ベルフォールに生まれる

1968

教授資格試験（アグレガシオン）

1977

博士論文口頭試問

1979から

特任、次いで常任のジュネーヴ大学教授

1983

医療測定（メディコメトリ）の創設

1993 - 1997と1999

地理学国際フェスティヴァルの会長

2000

IGU 応用地理学部会の委員長

2003

地域的科学国際連盟会長

2005

地域的医療測定（メディコメトリ）と
健康フォーラムグループの共同創設

きっかけ

子どものころを考えると、いくつかのことが私にとって地理学につながるものでした。まずはジャック・ロンドンのような冒険小説を私はむさぼるように読んでいました。それらは私をカナダの大自然やその他遠くの国に連れて行ってくれました。また非常に早い時期に、私は外国に住む経験をしました。戦後に、私はイギリスの叔母の家に住んでいたのです。二つの言語―フランス語と英語、私の父は戦争の間アメリカ軍と働いていたので英語を流暢に使えました―のなかで育てられたために、私は、バカロレアの後、予備課程の間に英語を勉強することを考えていました。それが、偶然ですが、学部に登録するために乗ったベルフォールからブザンソンへの列車のなかで、私は友人たちに会い、彼らはすぐに一緒に地理学を学ぶように私に勧めてくれました。私が地理学の勉強を始めたのはこういうわけなのです！

実際のところ、英語と自然科学は、私の関心の中心の一つでした。私はとくに良い学生ではありませんでした。教授だった私の父の要請によって、私はあろうことか高校1年生《スゴンド》を二回やったのです。とはいえ、私は2年早く進級していましたので、それは17歳でバカロレアを取ることを妨げるものではありませんでした。そのころ私は、スキーのような、別の活動に少し心を囚われていました…。

学生時代

ブザンソンでは、私はまだ評判を知らなかった、ある地理学者が教えていました。ポール・クラヴァルです。当時は若い助手でした。別の助手のフランソワーズ・ダイヤンなる人に厚遇されていて、彼女は後にクラヴァル夫人になることになります。そして、自然地理学者のガブリエル・ルージュリ。友人たちと私はこの教員たちに温かく迎えられました。彼らは調査旅行を企画し、彼らの家に喜んで私たちを招きました。この年に道が決まりました。地理学は情熱となったのです。

それでも学部の間、予期できる問題だったにもかかわらず、私はまだ教授になることは想像していませんでした。なぜなら並行して、私は水泳のコーチとスキーのインストラクターになっていて、プロのスキーインストラクターになることも考えていたからです。

最終的に、私を地理学の方に傾かせたこと、それは予想を超えるほど良い結果をもらったことでした。私はすべての試験に合格しました。初めは趣味で、そして情熱が高まるにつれ、きちんと勉強して。教員の子どもで、孫でもあるので、私は作文は得意で、まとめるセンスがありました。私は修了証を集め、歴史学そして地理学の学士を取りました。

そのころ、ポール・クラヴァルが、私が修士（ベルフォール／モンベリアール地域における都市化の研究で、当時は相対的に新しいテーマでした）の時に、英語が使えることを活かしてアメリカでも修士を取るように勧めてくれました。1964年から65年のことです。

そうはいっても奨学金を取らなくてはなりませんでした。そこで私は外務省で博士の奨学金に応募したのです。審査委員長が、私と同様、フランシュ＝コンテの出身でした。彼は私に会ってくれ、非常にうれしかったことに、原則では博士論文のためのはずの三つの奨学金を私に割り当ててくれました。人生において、私はしばしばついていました。奨学金のほかに、私は休みの間にスキーのインストラクターをして作った貯金を使いました。

私は、フィラデルフィアのウォートン・スクール・オブ・エコノミクスの地域学に登録しました。地域学の育成課程を提供している、ハーヴァードと並んで経済学分野で大きな大学の一つです。アメリカの大学は質が高いです。学生を非常によく受け入れ、教育しています。もう一つ快い驚きがありました。ウォルター・アイザードと出会ったことです、空間分析の教父の一人です。翌週から、私は彼の家に招かれました。私の二人の指導者も同様に、アメリカの地理学の著名人でした。トム・レイナーとジュリアン・ウォルパートです。後者は後にプリンストンの正教授となります。

ブザンソンでのように、私は仲間がたくさんできました。彼らは世界の別々のところから来ていた仲間です。そのなかには、マリオ・ポレゼ、後にカナダで会うことになる人もいました。知的レベルは高いものでした。名声のある教授との完全に自由な討論ができました。フランスの大学を支配するエリート主義的な雰囲気を引き裂く世界でした。どの学問分野であれ、素晴らしい図書館で簡単にアクセスできる、たくさんの本を考慮に入れずとも、です。

研究課題としては、私はクラヴァル夫妻に指導を受けた修士論文のテーマをニュージャージーのトレントン地方に置き直し、ディヴェロッパーと住民についてフィールドで集めたデータを法的な知識と交差させました。

修士論文を終えると、私はフランスへ戻りました。アメリカへは飛行機で行ったのですが（私にとって大陸を越える最初の飛行でした）、フランスへは客船で向かいました（チケット代は奨学金に含まれていました）。キャリアを積みたいなら、教授資格《アグレガシオン》を取らなければならないと言われていました。もう10月で、試験は5月でした。教授資格試験《アグレガシオン》にはがっかりしました！　プログラムは新しい地理学とは何の関係もなかったからです。世界の地誌を覚え、地学の地図について勉強させられました…。幸運にも、私は一発で合格しました。二回目を受けることはなかったでしょう。私のまとめる力で、きちんとした作文を作れました。それに、英語を読む力、そしてドイツ語（母から学びました、私の生家はスイスのドイツ語圏と近いからです）を読む力によって、原書に当たることができました。

教授資格《アグレガシオン》を取ると、私はブザンソン大学でポール・クラヴァルの下での助手のポストを見つけました。しかし、私には一つしか願いがありませんでした。北アメリカにもう一度行くことです。それは叶いましたが、奇想天外な条件のもとででした。実は、兵役の時期だったのです。海外派遣教員で代替する可能性もありましたが、それだとエクサン＝プロヴァンス（南仏の都市）で加わることになっていました。私はそこには行きませんでした！　私はカナダ、エドモントンに向かいました、そこには派遣教員に開かれた教員のポストがあることを知っていたのです。問題はそこに行ってから解決しました。カナダの居住者の地位を得たのです。待っている間、１９６９年から１９７２年に、私は脱走兵と見られていました。フランスに戻るためには、私はスイスを経由しました。私は警察に逮捕されるのをすんでのところで逃れました。

地理学への貢献

計量地理学への貢献

情報学を知ったのは、私のアメリカでの最初の滞在の時でした。それまで、私は相関関係の計算をカーソルの付いた特別な定規で行っていました。アメリカでは、コンピュータがあったのです！　当時はパンチカードでプログラムを作っていました。知らないうちに、私はこの情報革命から生まれた新しい地理学に加わっていたのです。新しい地理学という表現自体、1966年にピーター・グールド[1]が導入したものです。

合衆国で私が勉強したもう一つの成果は、別の学問に開いていくということです。大西洋の向こうで、私は必ずしも地理学ではない地域学の学科に属していました。私は計画学と人類学の授業を受ける機会がありました。

エドモントンでは、アメリカで学んだことを価値づけることができました。私は、別々の国の地理学者のネットワークをつなぐ学科を運営していました。そこには、モントリオールで国立都市化科学研究協会を作ったフィラデルフィアの友人たちも含まれていました。彼らは28歳から29歳で、新しい手法をもっていました。私は西カナダでの彼らの対話役となっていました。情報学の助けを借りて、

1　アメリカの地理学者。訳書に『現代地理学のフロンティア』（杉浦章介・二神真美（上巻訳）、矢野桂司・水野勲（下巻訳）、地人書房、1989年）、『地理学の声―アメリカ地理学者の自伝エッセイ集』（杉浦芳夫監訳、古今書院、2008年）。

私たちは因子生態学と呼べるような視角をもって、社会的、言語的、文化的側面などにおいて、カナダの都市に関連したすべてのデータを扱いました。それは私の博士論文に根本的に関わることになる快挙でした。

この協会での仕事に並行して、私は都市の組織化についての自分の最初の著作を用意していました(1975年刊行)。それはこのテーマについて、初めてフランスの思想とは異なる流れへの旋回になりました。以前、私は空間的経済学のドイツの先駆者を見つけていました(クリスタラーやヴェーバーなど、ドイツ語を使う習慣によってテキストを読むことができました)。同僚が私にそれらを読むことを勧めてくれました。そのなかにはフランスの経済学者クロード・ポンサールもいました。彼は経済的で空間的な理論の歴史についての本を出版していました。それから、ベルギーの計量経済学者ジャン・ペランもいました。

地理学への新しいアプローチ、表象へのそれについて

1968年ごろ、私は計量地理学の先駆者たちをしばしば訪ねていました。私より少し年上で、彼らはすでにこのアプローチを否認までしないものの、その限界を指摘しているところでした。アメリカの都市、そしてその無法地帯を研究して、彼らには量的データはすべてを説明するのではないとわかってきていました。居住分離の現象や住民のふるまいを理解するには、別の次元が必要でした。彼らと同様に、私も探していました。それと並行して、私は恵まれない地区の人々がもつ表象(知覚といっていました)についての探求をしていました。その結果を量的分析と相関させたのです。それは、

私がほかの人々と同様にフランスに知らせようと採用した、革新的なアプローチでした。ポール・クラヴァルの指導の下に書かれた私の博士論文は、詳しくいえば量的な分析と知覚を関連

表　象

表象の概念の導入は、学問としての地理学にとって結果のないものではありませんでした。個人の表象を考慮に入れることを受け入れた時から、主観性の一部を受け入れているのです。ですから、私たちは客観的な地理学という考えを拒否しなければなりませんし、それ以上に、実証主義の見方から脱却しなければなりません。私たちはもはや技術者としての地理学者を育てているのではなく、アクター、住民の複数性に取り組めるエキスパートを育てているのです。それには彼らの期待や動機を理解することが必要ですし、またそれは人類学や心理学を借りてくる別のアプローチの仕方が含まれています。少なくともフランスでは、大学の区分けによって提示される問題だということです。ここ、スイスでは、心理学や教育学の学部と仕事をすることに困難はありません。

マルクス主義の「ウルガタ訳聖書（カトリック教会が用いてきた聖書のラテン語訳）」の胚胎が表象の地理学の普及を一時妨げ得たことは明らかです。80年代にはまだ議論の対象でしたが、ポストモダン地理学の発現でぼやけました。実際には、表象の地理学とマルクス主義的地理学は、思われているほど敵対的ではありませんでした。個人的表象と集合的表象の間でなされている議論は残っています。もしまだ表象の地理学について話すことに正統性があるなら、私はもう今日は地理学における表象についてしか話しません。もはやそれは空間や場所との我々の関係の構成要素をなすと認められるのですから。

づけることにありました。それは一つの著作の対象となるものでした。それが『都市空間の知覚』です。1977年に口頭試問を受けた後、私はフランスで計量地理学と表象の地理学の両方を教えたいと思いました。それはフランス語圏のなかで私が孤立を感じていたということではありませんでした。私のスイスの同僚のジャン・ベルナール・ラシーヌとフランスのデュポングループの友人によってなされている以外には、誰も計量地理学や因子生態学を使っていませんでした。表象についても同じことで、地理学者はほとんど興味を示していないものでした。アルマン・フレモンがやっているのを1973年から74年に見つけたくらいです。私は計量分析の専門家として仕事をもらいました。新しい流れを少しだけもたらした歴史です。私自身、表象に重点を置くことを前面に出して批評を構築し始めましたが、それほど人を説得できませんでした。「ほら、役に立たない」と反駁されました。また、博士論文の口頭試問の前から、私はパリの建築学校で教えるために大学を離れました。パリで臨時職に任命されたガブリエル・ルージュリとともに、私たちは都市生態学の講義をしました。3年後、ポール・クラヴァルが私をブザンソンに呼び戻し、フランスでは独特な教育を始めることになりました。同僚たちの無気力によってこのプロジェクトは打ち負かされました。そこで1977年に、私はモントリオールに再度向かうことを決め、ケベック大学州立科学研究所の都市化のメンバーに加わりました。

医療測定（médicométrie）の創造

1978年に、ポール・クラヴァルからPUF（フランス大学出版）の彼の講座シリーズのために、福祉（bien-être）の地理学についての著書を書くように頼まれました。彼は私の表象への関心とともに、都市における貧困ポケットについての私の量的・質的調査を評価してくれたのです。福祉は書くのが難しいことでした。なぜなら新しかったからです。それはフランスでは失敗し、地中海諸国（イタリアとスペイン）では成功します。今日、福祉の地理学は再発見されています。（2006年に、私はこのテーマのシンポジウムに招かれて参加しました。）

この福祉の地理学から、私は健康の地理学に興味をもつようになり、現在でも関心の中心にあります。とはいえ、私は表象の地理学に入っていかないばかりか、健康の地理学にも入りませんでした。私にとって、この地理学はあまりに抑制的でした。それは学問分野を小分けにするフランス地理学の偏狭さによるものです。計量的な視点では、健康の問題とその空間的な広がりを測るにとどまります。不平等な状況にある人々を把握するには、健康のシステムにより包括的な見方が必要でした。それで、私は1983年に医療測定を創設しました。それは、歴史的、文化的、時間的、空間的要素、量的データと表象を合わせて健康を評価するものです。私はジュネーヴに着任してすぐにそれをはじめ、地理学者だけではなく、ミシェル・ペリアなどの医師やジャン・ペランなどの経済学者と協力しました。その具体的な適用のなかで、医療測定は患者が自分の病理にもつイメージを医師によりよく考慮させるようになったのです。

このように健康に関心をもちながら、私は都市をあきらめたわけではありませんでした。なぜなら、人が健康の問題とそれにつながるサービスに関心をもつ時、人は中心的な場所、医療のプールともいうべき問題にすぐにぶつかるとわかるからです。

応用地理学

医療測定の仕事に続いて、ＩＧＵ（国際地理学連合）が私に応用地理学の委員会をまた立ち上げないかと提案してきました。私は２０００年代の初めからその委員長でした。実際のところ、それは私の昔の関心とかかわっています。80年代から、私は応用地理学の認識論についての論文を発表してきました。私が指導した博士の学生は、みんなが教授や研究者になったわけではありません。多くは空間整備や工業分野に進み、銀行の分野さえ開拓していますし、修士の方は言うまでもありません。

応用地理学についての私の関心は、持続可能な都市の開発を進める目的をもったユネスコのＭＯＳＴプログラムのような、異なるプログラムに参加することに集約されます。ＭＯＳＴは、政治の責任者や大学人、経済的アクターを集め、世界の12の都市を研究するという素晴らしい実践でした。私たちは毎年まとめを行い、いつも違う都市で社会的、教育的、衛生的、交通その他の分野における公共政策について、成果や気づいたことをぶつけ合いました。私はそこに学生を巻き込み、調査報告の作成を任せました。90年代には、役立つ地理学という同じ関心から、私はＤＡＴＡＲ（国土整備地方開発局）のヨーロッパ科学財団や都市計画とも協力関係を結びました。

行政的な負担につぶされないよう、私は大学組織の世界を早めに離れることを決め、地域科学のなかで地理学を価値づけることに専念しました。（私は２００３年から２００６年の間、地域科学世界協会の会長でした。）周辺化された人の地理学のためによりよく戦えるよう、医療地理を通じた福祉の地理学は進め続けました。周辺化された人の領域はすべて福祉国家の危機や公共サービスの後退に直接的に影響を受けています。ＤＡＴＡＲやＩＮＲＡ（国立農業研究所）のなかで、私は周辺化された地域、山岳地域や単純に周辺的な地域における生活の質の向上に努める必要性を重視するように見張っています。それらの地域は、持続的な農村都市開発（もはや都市だけではありません）の視角からいえば、大都市への資源の集中の被害者なのです。

影響を受けた人

私のキャリアのなかで最も刺激を受け続けた地理学者はピーター・グールドです。私の思考の師であり、10歳年上で、「新しい地理学」という表現は彼に負っているという人です。彼に会った時、彼は計量地理学の代表者の一人でしたが、その計量地理学にすでに批判的な見方を提示していました。彼はまたメンタル・マップのパイオニアとしての貢献もあります。計量革命を起こしたのちに、1966年にその原則を導入しました。彼は新しい分野に取り組み続ける、厳格であると同時に好奇心旺盛な人でした。彼の最後の二つの大著は『遅いペスト』でエイズの空間的な拡散を研究したものです。もう一つは『雨の中の炎』で、チェルノブイリの原子力発電所の原子炉の爆発に続いて起きた振る舞いや決定の体系的分析をしています。人文地理学の最も大きな著作は、私にとってはアブラーとアダムズとの共著である教科書、『世界の空間的組織化』で、計量地理学と人文地理学を結び合わせています。80年代に出版されたにもかかわらず、それは地理学の全体的な見方を提示しているので、私は今も読むことを勧めています。

80年代の終わりに、私はメンタルマップや表象について議論するために招かれた研究会の時に彼に初めて会いました。それからは2000年に彼が亡くなるまで一緒に仕事をし続けました。1995年に、彼は私が地理学国際フェスティヴァルのなかで創設したヴォートラン・リュド賞を受賞しました。もう一人の著名人として、デヴィッド・ハーヴェイ[2]がいます。計量地理学の出身で、彼はラディカルと評される地理学の視点からそれに取り組みました。1951《ママ》年〔1973年〕に『都市と社会的不平等』を出版し、第一部で都市の古典的な分析を、第二部でマルクス主義にヒントを得た批判的分析をしています。それは私の眼を開かせるものでした。

もう一人います。レジナルド・コレッジ、私の世代の地理学者で、オーストラリア出身、カリフォルニアのサンタ・バーバラ校で働いています。彼は計量地理学の方法をよく知っていて、とくにアメリカの都市の小地区の分析でそれを使っています。彼はわずかの間に盲目になりました。彼は表象の地理学を続け、盲者のためにキャンパスを整備するように注意を払っています。私たちが一緒に書いている次回の著作のなかで、彼は二つの章を障碍者に適用する地理学に割いています。ホルヘ・ガスパール、ポルトガルの大地理学者ですが、彼も私の人生の構成に影響しています。スウェーデンのトルステン・ヘーゲルストランド[3]も同様です。

2　英語圏の地理学の第一人者の一人。訳書に『都市と社会的不平等』（竹内啓一・松本正美訳、日本ブリタニカ、1980年）、『空間編成の経済理論』（松石勝彦・水岡不二雄訳、大明堂、1989年）、『都市の資本論』（水岡不二雄監訳、青木書店、1991年）、『パリ――モダニティの首都』（大城直樹・遠城明雄訳、青土社、2006＝2017年）など多数。

3　時間地理学の提唱者として知られている。日本語訳に「地域科学における人間」『生活の空間　都市の時間』（荒井良雄ほか編訳、古今書院、1989年、5―24頁）。

フランスの地理学者としては、当然、学生時代に大変お世話になったポール・クラヴァルを挙げます。彼の著作のなかで、私は経済地理学の教科書をお勧めします。空隙を埋め、時代を画した本です。モデル構築の教育を受けてなくとも、すべての学生が読めるものでした。

現在の地理学をどうみるか

私はどちらかといえば悲観的な見方をしています。50年代までは総合的な地理学だったフランス地理学は、その後、計量地理学への転回にはじまる外国で起きていることを見ずにフランスの見方に閉じこもってしまいました。結果、次第に、ポール・クラヴァルのような例外を除き、フランス地理学は最も引用される地理学者のリストから消えました。

歴史の皮肉です。デュポングループは、70年代

『デルボランス』※ シャルル・フェルディナン・ラミュ(1878-1947)

文学にそれほど大きな関心がなくとも、この小説は常に私の記憶のなかに刻まれています。19世紀の末に生まれた作家は、ヴォー州（スイス）の出身で、私は今そこに住んでいます。彼はそこをしばらく離れて、1914年の戦争の間パリで過ごし、戻ってきます。彼は山の生活についての厳格な小説をいくつか書いています。たとえば『そして太陽が戻ってこなければ』（1937年）などです。

『デルボランス』は、1934年に出版されました。ヴァレ州の小さな谷の名前をとっていて、山岳高地に住む農民をめぐる話です。18世紀、何度か地崩れの起きた時代です。小説は、農民小説とでもいう形式で、移牧の時期に妻を置いていくことを強いられる男たちの生活の厳しさを描いています。その記述には、ローヌ平野（ヴァレ州から水を得ている）のような地理学的な要素がたくさん含まれていますし、旅をしない人々の世界に開かれる象徴として日の入りが描かれます。つまり想像力によって読みながら旅をしなければならないのです。地崩れが起きて、

に計量地理学を導入し、ローザンヌとジュネーヴの大学から財政的な支援を受けました（その後GIPルクリュ〔第1章参照〕に支援を受けています）。残念ながら、そのグループはアカデミックな世界では力をもつことはありませんでした。私に言わせれば、すべての地理学者は計量地理学の最低限の教育を受けるべきです。そうすれば、フランスである程度反響のあったポストモダン地理学は、方法論的・概念的厳格性を得られていたでしょう。

　学術誌では、『地理学年報（*Annales de géographie*）』はベルギーやケベック、あるいはオランダ（*Tijdschrift voor economische en sociale geografie*）の外国の学術誌と比べて刷新がないので、権威を失っています。確かに、『地理空間（*L'Espace géographique*）』『地域・都市経済評論（*Revue d'économie régionale et urbaine*）』『時空（*EspacesTemps*）』はありますが、国際的な世界には開かれていない雑誌です。フランスの地理学の主要な著作について何を言ったらよいのでしょう、ほとんど翻訳されていません。

　もう一つ心配の種があります。中等教員免状《カペス》や教授資格試験《アグレガシオン》の試験準備の体系が、地理学へのアプ

高地にいる人々が埋まってしまいます。みんな生存者はいないものと考えます。そして3か月後、生存者が現れると、人々はすぐに幽霊とみなします。彼は山の悪魔として追いやられてしまうのです。

　ラミュは、時空の分析において新しいものを見出しています。彼は語りと記述の感覚をもっています。彼は18世紀の羊飼いの生活を再構成しえたのです。彼の小説を初めて読んだとき、私はまだ小さな少年でした。地理学への関心にとらえられたのはもっと後です。私は学部や修士の学生にしばしばラミュを研究させせました。何人かが教授になって、その後文学の教授と協力し合って教育にそれを使っていました。

〔※日本語訳「デルボランス」『アルプス高地での戦い—ラミュ小説集』（佐原隆雄訳、国書刊行会、2012年、3—141頁）〕

ローチにおいて古典的なままであることです。職業的修士でさえ、地誌学やカルトグラフィーの内容を残しており、まるで教育の方へのブリッジに留意するかのようです。確かだと思える学部は片手で数えられるぐらいです（GISにかけたルーアンや、計量的カルトグラフィーに特化したパリ第X大学など）。

フランス語圏の地理学は、それでも、二つの大陸の間の架け橋となっているケベック人や、ブリュッセルやルーヴァン・ラ・ヌーヴ、リエージュの大学が非常に良い評判を得ているベルギー人の貢献のおかげで（その学生たちがフランスよりもイギリスや合衆国で勉強を続ける傾向があるほど）、動態的で多様です。他方、スイスは古き良き伝統のためにフランスの地理学者を惹きつけ続けています。（ジャン・ベルナール・ラシーヌ、ジャン・リュック・ピヴトー、そして私自身がそこで教えてきました。あとから、ベルナール・ドゥバルビュー、ジャック・レヴィ、そして、ジャン＝フランソワ・スタザクが加わりました。）

フランスの地理学共同体は、確かに国際的なものに開かれていますが、常に同じ人たちに頼る傾向があります。英語話者が必要になるとアラン・スコット[4]、スイス人が必要になるとラシーヌや私などです。大学人たちが競争に入っていくには、フランスの大学システムを十分によく知っていると有利になるのです…。国際的ネットワークへのフランス共同体からの真の加入はありません。新しい世代の人々が非常に語学が堪能でもです。英語とともにIGUでは公式言語になっているにもかかわらず、フランス語は勢いを失っています。

4　アメリカで活躍した地理学者。訳書に『メトロポリス』（水岡不二雄監訳、古今書院、1996年）。

言うなれば、この状況は永続すべきでない、さもなければ学問分野が硬直化するおそれがあるということです。若い人たちは旅をする可能性がありますし、インターネットによって外国の著作にアクセスする可能性もあります。実際、旅は地理学者の育成に不可欠です。弟とヨーロッパを歩いて横断したエリゼ・ルクリュ〔「はじめに」注5参照〕のような人物が、その使命を抱き続けてほしいと思います。将来の地理学者たちが地理学者たちと出会い、いくつかのナショナルな地理学がもはやフランス地理学の娘たちではなく、尊重すべきいとこであることを発見するためにその旅を活かすことが重要です。地理学部が外国人の貢献によって豊かになり、外国で教育を受けた学生を型に入れようとしないことも重要です。この観点から、地理学国際フェスティヴァル（私がその委員長だったというだけでなく、私の母の出身地で、彼女の父親が教育者であったサン・ディエ・デ・ヴォージュで開かれているのです）は、国際的な使命を忘れなければ、存在する価値があります。

アントワーヌ・バイイの主要著作

表象について

Représenter la ville (en collaboration avec C. Baumont, J. M. Huriot, A. Sallez), coll. Géopoche, Economica, 1995.

La Perception de l'espace urbain, Centre de Recherche d'Urbanisme, 1977.

健康について

La Géographie du bien-être, Puf, 1981.

Médicométrie :une nouvelle approche de la santé, coll. Poche, Economica, 1995.

その他

L'Amérique du Nord (en collaboration), *Géographie Universelle*, Hachette, 1992, Belin, 2e édition, 1994.『ベラン世界地理大系17　アメリカ』（鳥居正文・大嶽幸彦編訳）、朝倉書店、２００８年

Encyclopédie de géographie (codirigé avec Robert Ferras et Denise Pumain), Economica, 1995.

Terres d'exclusions, Terres d'espérances, (dir.) Economica, 1997.

Voyage en géographie, avec Renato Scariati, Anthropos, 1999.

Mémoires de géographes, codirigé avec Peter Gould, Anthropos, 2000.

教科書

Introduction à la géographie humaine (avec H. Beguin), Masson, 1982, A. Colin, 8e édition revue, 2001.

Les concepts de la géographie humaine, Masson, 1984, A. Colin, 5e édition revue, 2001.

7

ドゥニーズ・ピュマン

Denise Pumain

彼女は、フランスにおける空間分析の潮流の主要な代表者の一人であり、1970年代から都市間システムに関する研究を通じて、その発展に貢献してきた。いわゆる厳密科学と社会科学の永続的な対話のなかで、社会変化の動態との関連で都市間システムの変化を研究することで、そうしたシステムの研究を刷新することに専心してきた。

1946

モンバール（コート・ドール）生まれ

1965 - 1969

高等師範学校（エコール・ノルマル）
フォントネー・オ・ローズ校学生

1969

教授資格試験（アグレガシオン）

1974

第三課程博士論文の口頭試問

1980

文学および人文科学領域における博士論文口頭試問

1984

CNRS（国立科学研究センター）の銅メダル

1986 - 1989

パリ第XIII大学（パリ・ノール）教授、
INED（国立人口問題研究所）の技術アドバイザー

1989～

パリ第Ⅰ大学（パンテオン・ソルボンヌ）教授

2004

フランス大学学院シニアメンバー

きっかけ

学校で勉強してきたことのなかでも、地理学が好きだったことを覚えています。おそらくは、地理学が世界への入り口を与えてくれていたからです。私はモンバールに住んでいました。そこは、コート・ドールにある人口6千人の小規模な工業都市で、PLM（パリ・リヨン・マルセイユ）ラインのなかで発展してきたところです。そこは、社会的セグリゲーションのモデルでした。一方には工場に近接してエンジニアの住宅があり、少し離れて職長の住宅があり、それから商業の盛んな旧市街からひどく離れて労働者のコロン〔coron、労働者住宅〕がある、といった具合です。

当時、人々は今日ほど旅行に出かけませんでした。そのため、地理学が日常を抜け出す感覚を与えてくれました。私は幸運なことによい先生たちに恵まれたのですが、そのうちの高校3年生《テルミナル》の時のある先生はイギリスのアーノルド・トインビーの『歴史』の要約を読ませてくれました。知識あるいは記述の堆積と私には思えていたものが、突然、意味をもちました。私は、地球の表面にある不均等性の隠れた論理を発見しました。トインビーは、歴史学者ではありませんが、ものごとに対して地理的なヴィジョンをもっていました。彼は、ある種の逆転した気候的決定論によって、国の不均等発展について説明していました。たとえば、西ヨーロッパでは人間は気候の厳しさを逃れるためにイノベーションを起こすように駆り立てられてきたのだろう、というものです。この命題は、今ではかなり疑問視されているものですが…。

私は、できのよい生徒でしたから、数学や物理学の道にも、あるいはスポーツや音楽の道であっても進むことができました。しかしなぜ、地理学を専攻することを選んだのでしょうか？ 父は、私がエンジニアになることをおそらく望んでいました（彼は、仕上げ工からはじめて、最後には同じ企業内の工場長になりました）。しかし、彼にとっては勉強することこそが重要でした。しばしば言うことなのですが、私は、女性がまず一人の人間であると見なされる世代に幸運にも属します。私が高等教育を受けることは、突飛なことと思われるどころか、その逆でした。

私は教鞭を取りたかったのですが、それは高等教育においてでした（中等教育では、教育は理解への十分な鍵を提供できないように私には思えました）。加えて、私はすでに地理学を研究に結びつけていました。私は、高等師範学校《エコール・ノルマル》の入学試験を受けるために、初等師範学校に登録し、ディジョンにあるカルノ高校で、この選択科目（地理学）のある高等師範学校《エコール・ノルマル》文科受験準備学級で1年間学ぶ機会を利用しました。準備学級のこの年から、私の進路は完全に描かれていました。

学生時代

高等師範学校《エコール・ノルマル》に入るとすぐに、ソルボンヌで学士向け、ついで修士向けの講義を受けました（第2章注2参照）。私の修了論文の指導教員である、フィリップ・パンシュメルは、例外的ケースとして、高等師範学校《エコール・ノルマル》の学友であるマリー・クレール・ロビク[1]と一緒に修了論文を作成することを許可してくれました。当初、私たちは、通例通り、それぞれに局所的モノグラフを作成するつもりでいました。しかし、すでにパンシュメルは、モノグラフィーがそれらの間で比較することができない以上、この種の研究への関心には限界があると考えていました。

私たちの修了論文は、フランスにおける人口移動という、このうえなく古典的なテーマを扱っていました。しかし、私たちが、初めて、フランス国立統計経済研究所（Insee）の精緻なデータを利用したのです。私たちは、都市圏スケールと県スケールでの人口フローに関する数字を書き写すのに3か月費やしましたが、これはまだ誰も行っていないことだったのです。私は、チーム作業がもつこのような可能性を高く評価しました。そして、これが私のキャリア全体に見られる特徴です。それは、問いの洗練に役立ちます。私は、私たちが有する手段の不十分さを知ることもできました。情報処理は、少なくとも私たちの研究所には存在していませんでした。私たちは、コーヒーミルの音がする計算機をもっていました。統計ツールとしては平均と標準偏差しか利用できませんでした。私たちは多変量分析を教わりませんでした。また、証拠の探究と科学的証明の手段も欠いていました。それは少なくとも、私がもう少し後になって気がついたことです。バカロレアの初等数学を修めましたので、私は数字の操作と計算に不向きではありませんでした。しかし、私たちがふんだんに与えられてきた数学教育は、私たちを数学者にするためであって、応用的使用のために構想されているわけではないことを悟らざるをえませんでした。

地理学は、その提供物に関しては刺激的な学問分野でしたが、理論的前提の明示がないために、期

1　フランスの地理学者。日本語訳はないが、著作の紹介として、竹内啓一「書評　マリー・クレール・ロビク（監修）『ポール・ヴィダール・ド・ラ・ブラーシュの「フランス地理のタブロー」：諸形態が織りなす迷路』」『歴史地理学』（44―2、2002年、60―62頁）がある。

待を裏切るものでもありました。別の言い方をすれば、結果は明白でしたが、そこに至る手段が未解決のままでした。そのために、厳密さが欠如していると感じたのです。地理学は、最悪の場合、何でも屋とは言わないまでも境界領域の学問と、最良の場合、ある場所の単一性に関与する諸要素の明示化へと進む綜合の学問と受け取られていました。加えて、地理学は土地に関する学問と思われており、このことはプラスになることでしたが、実験学問に比して地理学を高尚ではなくするものでした。

修士課程では、1968年というこのうえなく騒然とした年〔第2章注1参照〕を過ごしました。私は、多くの仲間たちのように、そこに参加したのです。結局、マリー・クレールと私は、教授資格《アグレガ》試験《シオン》の準備をはじめる前になって、9月にようやく修士論文を提出しました。

教授資格《アグレガシオン》を取得した後でも、私は中等教育では教えませんでした。私の夫は、神経生理学の研究所で働いていたのですが、兵役を技術協力で行いたいと考えていました。カナダのある大学が夫を受け入れてくれました。私自身は第三課程の博士論文〔第4章注1、注3参照〕を書かなくてはいけませんでしたので、フランス・ケベックの奨学金に応募して、それを獲得しました。パンシュメルは、地理学史にのめり込んでおり、イギリス、アメリカ、そしてフランスの地理学の影響を分析しながらケベックにおける地理学の歴史について博士論文を執筆することを私に提案しました。私は、テーマごとに研究の変化を追うために、研究の生産を数量化しながら、大量に読解しました。

私が、とりわけ都市をめぐって、「テーマ別の」地理学として地理学をするオルタナティブな方法を見つけたのはこの時です。ちなみに、私が「英語圏的インターナショナル」と呼ぶものにひたっていました（多くのカナダ人地理学者が、オーストラリアとニュージーランドに滞在していました）。

それ以来、私は、絶えず、国際ネットワークに参加してきました。

モンバールでは、小学校高等課程でドイツ語しか教わりませんでした。その結果として高等師範学校《エコール・ノルマル》に入学するまで、私は英語を読むことも話すこともできませんでした。私は、読解作業を通じて、またシンポジウムへの参加によって、実地で勉強せざるをえませんでした。英語で表現することを拒否するのは、ひどい誤りがあっても、内に籠った人の反応だと思います。同僚に対して実践される言語が、国際的ピジン〔各地で現地化した英語〕に近いものであることは事実ですが。

地理学への貢献

理論地理学と計量地理学

私が研究を開始しようとしていた時に、地理学は理解への鍵を与えると主張していましたが、地理学がそうした鍵を見つける方法は明らかではありませんでした。修士課程を通じて、マリー・クレールと私は、統計データを利用するための方法論を発明せねばなりませんでした。私は、マギル大学（モントリオール）で、重力モデルの応用を扱ったレスリー・キングの修士論文を読むことで計量地理学の存在を知りました。私は、自身の修士論文の時にこのタイプの現象の存在をよく経験していました。ただし、私は理論的ツールを与えられていませんでした。同じく、第三課程博士論文を執筆する間、認識論と地理学史の方法論的素養がないことに落胆したのを覚えています。私は、直感によって前進せねばなりませんでした。私はとくに、地理的潮流のそれぞれが用いている言葉に1章分を割きましたが、そういうわけで記号論的方法論とテキスト分析は利用しませんでした。

教授資格試験《アグレガシオン》の後で、また最初の教育経験（パリ第I大学の助手）の折に、私はきわめて真剣に次のことを知るために自問し始めました。すなわち、私が教えることをどこから引き出すのか、民主的な仕方でどうやって教えるのか、ということです。つまり、彼らが授かる知識へと通じる道を根本的に変える可能性を、教え子たちに与えるということです。

私と同世代の他の教師たちと一緒に、私たちは教育訓練のセッションを組織し、参加しました。初回は、1971年にエクリン＝プロヴァンスで開催されました。これは重要な経験となりました。統計を扱う3週間の研修が重要でした。それから、多変量分析、確率、自己相関、地理情報システム、エキスパートシステム、のちにはシステム動学に関するセッションがありました。それは、集団での教育訓練を継続的に行う仕事で、私は常にこだわりをもちましたし、非常に重要なことでした。これらのセッションの初回は、旧Orstom（海外科学技術研究所）によって組織されました。それ以来、統計の教育は大学において義務になりました。パンシュメルとともに、私は1972年にパリ第I大学で地理学における統計的および空間的分析に関するはじめての講義を開設しました。

テレーズ・サンジュリアンとともに、私は地理学者によってまだ探求されていない領域を開拓しようとしました。多変量分析の方法論を用いた、都市の活動ならびに社会的特徴の変化です。私たちは一緒に、『都市変化の領域』について一冊の本を著してしまいました。1978年のことでした。なんと、スキャンダラスにも、私たちは異なる二つの研究所に属しており（テレーズは地誌学の研究所、私は人文地理学の研究所でした）、ほとんどありえないことをしたのです。また、私たちはまだ博士でもないのに、CNRS（国立科学研究センター）の出版局から刊行したのです！

教育訓練セッションの成果のおかげで、私は1982年からいわゆる厳密な科学の研究者たちとの対話に着手することができました。私は率先して、自己組織化現象に関するピーター・アレンの報告に出席しました。アレンは、ノーベル賞を受賞したイリヤ・プリゴジンの協力者です。私は魅了されました。彼は、どのようにして、その多くが不確定である小さなゆらぎが、より大きなスケールの現象を生じさせるまで増大するかを示していました。それはまさに、フランス都市の活動変化に関して、私がサンジュリアンと一緒に観察し得たものだったのです。私たちは、とりわけ、工業にせよサービス産業にせよ、専門職を集めることで、同時にサービス産業化するというこれらの都市に共通の変化を明らかにしたのでした。詳細に事象を観察していた時、確かに差異と特異性が存在していました。しかし、共通の社会的かつ経済的変容を背景として全体が転移することによって、都市的ヒエラルキーと社会的種別化が持続していました。1984年に、サンジュリアンとヴィオレット・レイとともに、私たちはPARIS（空間的相互作用に関する研究の前進に向けて、Pour l'avancement des recherches sur l'interaction spatiale）というチームを立ち上げ、それはすぐにCNRSによって認知されました。この枠組みで、私たちは、フランスの四つの都市に関してアレンのモデルを、ルナ・サンデルと一緒に実験しました。その結果、1989年に『都市と自己組織』を出版することになりました。興味深いことに、アレンのモデルは、都市間システムにではなく、都市地域内部の変化にしか適合しませんでした。

都市間ネットワークから都市間システム（systèmes urbains）へ

私の最初の研究は都市間ネットワークを対象としていました。それがどんなに興味深いように見えたとしても、（ピエール・ジョルジュ〔第1章注3参照〕の影響下にあった）1950年代の地理学者によって認知された研究領域であったとしても、それは当時放棄された分野のままでした。私の貢献の一つは、明らかに、それを再び流行させたことです。

もし私がシステムを好んで論じたとすれば、それは都市間の相互依存的関係の重要性をその変化のなかで強調するためであり、またクリスタラーとその中心地理論を受け継ぐ古典的空間分析を変化させるためです。すなわち、「都市間システムの進化理論」と私が呼ぶものは、なぜ主要都市は、規模、機能、経済的かつ社会的な特徴の点で、長期にわたってその優位性を保持するに至るのかを理解させてくれます。

だからといって、それが社会過程を含む以上、化学や物理学の意味での動学理論を問題にしているのではありません。争点は、事実、社会変化がどのように空間変化として現れるかということと、どのように都市間システムの動態が社会変化をもたらすかを示すことにあります。都市はまた競争を通じてイノベーションを起こすように駆り立てられています。都市は、他都市によって生み出されたイノベーションを享受すると同時に、経済的、社会的、文化的あるいはその他の面で競争優位を保持しようとして、その都市に固有のイノベーションを押しつけようと試みるのです。

分析上の必要から、私は、（たとえば、散逸構造やシナジー効果に関心を寄せることで）物理科学と自然科学の貢献に、そしてさらに人文社会科学の貢献に依拠しました。私はまた、「理性と合理性」というスイスのネットワークの枠組みで、サンタフェ研究所に属する複雑系の専門家や物理学者とも、法律家、社会学者、政治学者、哲学者などとも交流しました。

私は、イノベーションを起こしたというのではなく、地理学をその当初から特徴づけてきた問いのなかに自らを位置づけたと言っているのです。というのも、初期の地理学者の企図は、社会と環境の相互作用を研究することにありました。彼らは、地域と景観を理解するために、自然環境の要素とそれ以外の社会的な要素からなる結合を構築するに至ったのです。アメリカでは1950年代から、フランスでは1960年代から、社会とその環境だけではなく、場所自体の間の相互作用へと問いが広がりました。空間分析は、都市ないしは地域システムの内部の相互作用に関心を向けることで、この問いの一環を占めています。それは極度に複雑な過程であり、異なる時間と空間スケールに介在するものです。斜面盆地のケース、いわばこまごまとした地理的対象のケースにおいて過程の全体を組み込むことはできても、都市間システムのスケールでそうするのは困難です。私たちは、今日なお、それを形式化する努力の途上にあります。

『サイバージオ（Cybergéo）』の創刊

1996年に情報科学者のキュ・グエンと一緒に私が創刊した科学雑誌が重要です。ずっと以前から、理論地理学と計量地理学に関して、1978年に私たちが組織したシンポジウムの記録を公表するために、欧州の雑誌を創刊する必要性を感じていました。私たちの情報科学者の才能のお陰で、私たちは電子媒体の、世界で始めての雑誌を企画することができました。

都市間システム（système de villes）

私は、都市間ネットワークよりもむしろ都市間システムについて論じることを好みましたが、それは都市の歴史を考慮することで、都市の静態的記述から動態的な理解へと移行するためです。都市の進化は、都市が歴史の流れの中で都市間において確立してきた相互依存的関係から免れることはできません。あるシステムの内在的な機能様式と結びついた、ひとつの決定論的形式をそこに見ることができます。それでも常に偶然とイノベーションが存在するのです。都市間システムは、生物系よりもはるかに複雑です。イノベーションは、生物学での局所的な汚染におけるように受動的に浸透するのではなく、それが受容される条件を創造しながら以前のネットワークを再フォーマットするのです。

都市間システムに関する研究は、しかじかの都市の種別性を間接的に明らかにすることを可能にします。それは空間整備の担い手や議員を落胆させるものではありませんでした。まったくその逆でした。それは、意思決定を助けるツールたろうとしているのです。それは変化や、他の場所で起きていることに気を配り、方向転換を予測してその代価を制限するように強いるのです。計画は、それが諸アクターによって共有されているほど、またそれが場所のアイデンティティと親和的であるほど、成功するでしょう。政策には依然として果たすべき役割がありますが、おそらくそれは人々がイメージするものではありません。計画は、予測不能な効果をもたらします。フランスにおいて、都市の拡大が、数十年にわたって実施された住宅政策の帰結であることは明白です。

影響を受けた人

私はまずピエール・ジョルジュを挙げるでしょう。教授資格試験《アグレガシオン》の準備中に彼の講義を受けました。偉大な総合精神を表す講義でした。彼は、地域の地理的存在を簡潔に理解させてくれました。彼はまた、より優れた考察によって経済的次元と政治的次元を切り分けていました。しかし、というのも一つ異議があるからなのですが、ジョルジュは、彼が際立った事象を識別した方法も、彼がどのように対応関係を確立したかも説明しませんでした。反対に、また別の忘れられない人物であるパンシュメルは、彼の方法論的選択の明示においてパイオニアでした。

海外の同僚に関しては、私はウィリアム・バンギ[2]を挙げるでしょう。とくに理論地理学に関する著作を１９５２《ママ》年（１９６２年）に出版したアメリカの地理学者です。もし地理学者が他の学問分野と対話したいのであれば、地理学者はその基礎的概念を強固にせねばならないということを、彼は私に突きつけました。彼の空間分析は、幾何学的基礎に基づいており、今日、単純に見えます。しかし、彼はその計量地理学のツールを洗練された空間分析のために役立たせたのです。私は、シカゴの場末における貧困を扱った彼の研究を思い出します。その研究で、彼は白人人口が不動産賃料を通じて黒人人口の金銭をかき集めるシステムを解き明かしました。彼は、（たとえば壊れた窓ガラスのような）外部指標を利用して、空中写真から貧困地区を地図化することまで行っていました。私は、リスクに

2 訳書にウィリアム・バンジ『理論地理学』（西村嘉助訳、大明堂、１９７０年）。

関して、彼がパリ政治学院《シアンスポ》で行った魅力的な講義を思い出します。それは…アメリカ軍によるミサイルの空中流通にかかわるものでした。この種の貢献によって、彼は私の二つの欲求を満足させてくれました。それは、科学的論拠に基づく理論地理学であり、現代的争点を照らす地理学です。加えて、それは学術システムの掟と重みに耐えて生きることをしなかった、はずれた人物でした。

　私は、多くの女性と研究してきたことに気づきます。サンジュリアン、ロビク、ヴィオレット・レイ、ルナ・サンデル、セリーヌ・ロザンブラ、エレーヌ・マティアン、アンヌ・ブルタニョールたちです。地理学は、少なくとも私がキャリアを開始した時には、他に比べて男性優位の学問などではありません。私たちは、男性のように振る舞うことで認められる必要はなかったのです！

『V.』と『重力の虹』、トマス・ピンチョンの小説

　これは濃密な小説です。あるときには複数の世代にわたって偶発的に関係を結び、またある時には街区スケール、また遠く離れたスケールで、異なる国の間で、変遷の軌跡をたどる人物がたくさん登場します。私はとくに『虹』の中の次のような出会いを覚えています。それは、ドイツのV2による爆撃の最中におこる、ロンドンでの複数の登場人物の出会いです。確かに、連続性、つまり過去のエピソードにかられた歩みが存在します。だからといって、ピンチョンは、決定論的見方をしているのではまったくありません。私たちは、私が「歴史的連鎖」と呼ぶものの中でまさに存在しているのです。連鎖は、確かに連続が存在しており、人は部分的に過去の囚人であることを意味していますが、過去の所有物にすぎないというわけではありません。人はまた、自らが含まれている環境を形成するところの過去に依存しています。歴史的なものは、人は単に論理的な形成過程の中に存在するのではないということを意味するのであって、それは情勢にまかせて、時間の中で繰り

現在の地理学をどうみるか

職業的な状況の面では、地方自治体と企業に普及しつつある局所データベースを利用することで、地理学者たちはかつてなく彼らの技量を生かす機会に恵まれています。これらのデータから情報を抽出し、地図ないしはアニメーションの形式で、それを理解しやすく総合的に表現することができる人物の必要が高まっています。学生をうまく育成できれば、さほど苦労なく、彼らを労働市場で就職させることができるのです。

確かにこれらのツールは普及しており、考古学、歴史学、経済学、あるいはまた農学など数多くの学問で使用されています。しかし、地理学徒がリモートセンシング、ＧＩＳ、空間分析の手法、地図アニメーションに習熟しているおかげで、依然として就職が良いのです。

同様に、持続可能な開発や地域間の世界的な不平等などへの関心の高まりによって、地理学者の眼差しが、ローカルなコンテクストと結びついた諸要因を明らかにし純粋にエコロジー的ないしは同情的な反応を乗り越えるうえで、必要不可欠になっています。

研究面では、その他の学問分野の研究者たちによるこれらのツールの使用は、地理学者に訴えるものでしかなかった、空間をめぐる新たな問いを伴います。私は、複数の研究者とともに、ネットワークS4（社会科学のための空間的シミュレーション、Simulations spatiales pour les sciences sociales）を立

広げられるものです。存在しているものは、特定の時間に介在し、可能性の宇宙を規定するところの社会的事象のある種の連続の中で形成されてきたのです。これが、ピンチョンがこれら二つの小説を通じてうまく説明しているものです。

『Ｖ．』訳書（小山太一訳、新潮社、２０１１年）、『重力の虹』訳書（佐藤良明訳、新潮社、２０１４年）。

ち上げました。それは、地理参照データベースの積分的な役割を強調しようというものです。

要するに、現代世界においては、地理学を使ってなすべきことが多くあります。私たちが危機にあるという考えに、私は常に当惑します。地理的共同体にはより大きな一体性があることを私は指摘してきました。そして、他の学問分野つまり社会学や厳密科学に比べて、地理学者間の交流は頻繁に行われていると私は感じています。

ドゥニーズ・ピュマンの主要著作

空間分析と都市間システムについて

Les dimensions du changement urbain, avec T. Saint-Julien, CNRS, 1978.

La Dynamique des villes, Économica, 1982.

Villes et auto-organisation, avec T. Saint-Julien et L. Sanders, Economica, 1989.

L'Analyse spatiale, 1 Localisations dans l'espace, avec T. SaintJulien, A. Colin, coll. Cursus, 1997.2 *Interactions spatiales*, avec T. Saint-Julien, A. Colin, coll. Cursus, 2000.

Temporalités urbaines, en coordination avec B. Lepetit, Anthropos, coll. Villes, 1993 (2e édition 1998).

Données urbaines, Anthropos, coll. Villes. depuis 1996 (le dernier en date -le 5e- a été publié en 2007).

理論計量地理学について

Géoscopie de la France, Théo Quant, Minard, 1984.

La Représentation des données géographiques, avec M. Béguin, A. Colin, coll. Cursus, 1994 (2e édition 1996).

Hierarchy in natural and social sciences. Springer, Methodos Series 3, 2006.

その他

France, in Géographie Universelle, vol.2, avec T. Saint-Julien, Hachette-Reclus, 1990. La contribution à la GU de R. Brunet.『フランス』(ベラン世界地理大系3、牛場暁夫・田辺裕編訳、朝倉書店、２０１２年)

Encyclopédie de Géographie, en codirection avec A. Bailly et R. Ferras, Économica, 1992 (2e édition révisée en 1994).

Dictionnaire, la ville et l'urbain, avec T. Paquot et R. Kleinschmager, Anthropos, 2006.

8

レミー・クナフ

Rémy Knafou

彼は、斬新な機関のなかに作った地理学者チームとともに、ツーリズムのアプローチを根本的に刷新し、ツーリストの姿を再評価することに貢献した。大学システムの外側に長らくとどまり、数年間、グランド・ゼコール準備学級の教育に尽くし、それから、地理学の情報通信に特化したCNRS（国立科学研究センター）の研究所と地理学国際フェスティヴァルの責任者として、地理学の最良の普及に尽くした。

1948

カサブランカに生まれる

1971

教授資格試験（アグレガシオン）

1978

博士論文口頭試問

1971 - 1988

歴史・地理学、のち地理学教授

（グランド・ゼコール準備学級）

1988 - 1993

CNRSの研究部長、

インタージオ Intergéo研究所の所長

1990 - 1993と1996 - 1998

地理学国際フェスティヴァルの創設ならびに科学部長

1992 - 2005

パリ第Ⅶ大学（ドニ・ディドロ）教授

1999 - 2003

地理学の外部教授資格試験《アグレガシオン》審査委員会委員長。

2000年選抜試験改革の発起人

2005 - 2008

パリ第Ⅰ大学（パンテオン・ソルボンヌ）教授、

IREST（ツーリズムの研究・上級教育院）の責任者

きっかけ

私が地理学者にもともと向いていたとは思いません。私は、とくに迷走していた大学時代の終わり頃に、徐々に地理学者になっていっただけです。バカロレア試験が終わって、高等師範学校《エコール・ノルマル》受験のための古典的な準備学級〔第2章注1参照〕文化1年クラスに進みましたが、そこには1週間しかいませんでした。それから父を喜ばせるために、医学部の初年課程に登録しました。しかし、この科学分野の選択は、私には間違いだったように思えました。そして私はパリ政治学院《シアンスポ》に登録しましたが、その雰囲気にはなじめませんでした。12月半ばのことでした。時間を無駄にしたくはなかったので、それから教養課程に登録しました。そこでは複数の学問分野を勉強することができ、ありがたいことに将来について考えることができました。私の本当の関心は、哲学でした。私は一般選抜試験に臨みました。同時に、教育以外に、どういう帰結がありうるかわかっていませんでした。ところが、私は教員になろうとは思っていなかったのです！　もはや歴史学と地理学しか残されていませんでした。私のラテン語のレベルでは、歴史学もできたのでしょうが、ラテン語を始める気もありませんでした…。したがって、部分的には、こうした欠点があったために、私は地理学を選んだのです。地理学を通じてその他の関心テーマ、すなわち建築と都市計画に近づくことができることに気がついたのは、もっと後のことです。他方で、私は図を描くのが大好きでした。

地理学によって、少し奇妙な人たちが住まう世界に行きつきました。たとえば、ある先生は、なぜかよくわからないのですが、白い作業服で講義をしていました。後に、私はソルボンヌで講義を受けましたが、その無意味さに当惑してしまいました。私は、漁業に関する講義を一つ覚えていますが、それについてもう考える気も起こらないといった、学術用語集の風刺画でした。その先生は、学生の反応を気にかけることなく講義をしていました。

それでも私はとどまったのです。おそらくは、子ども時代に培った観察者としての姿勢によるものです（私は、子どもはしゃべるんじゃない、聞くんだ！と言われていました）。後になって、私は、地理学者とは何者であってどこから来たのかを自ら問うことなしには、地理学の知識を教えることもできなければ生みだすこともできないと考え、地理学の社会学のための著作を共同で責任編集しました。私は地理学の観察所まで創設しましたが、それはかなりひどく受け取られました。多くの人はそこに評価ツールを見たのです。こうした観察への配慮は、1997年に出版された『自己幻視に基づく地理学の状態』でも示されています。この種のなかでは最初でした。

職業生活の終わりには、地理学は、私の人生の40年に及ぶ余談となっていることでしょう。このことは、地理学の絶対的な重要性と相対的な位置づけを同時に示すものです。というのも、私には他に多くの関心テーマがあります。とくにアート（私はしかもアートと地理の関係を探り始めました）と、なかでも17世紀のオランダ絵画です。私は、ある領域に囚われないことと、自分自身の自律性の条件を創造することに、常々配慮してきました。これが、事態が偶然に起きたことだったとしても、私が自身の経歴に与えることのできる意義です。

学生時代

地理学の勉強について良い思い出はありませんでした。時間的にも知的な点でも地理学の勉強に没頭することはありませんでした。そこで、私はパリ政治学院《シアンスポ》に戻り、直接、二年次へと進みました。それは本当に知的に開放的でした。そして教員の半分は、「実務家」、高級公務員、ないしは企業の管理職でした。私はここで法律、公共金融、政治社会学、歴史の講義を受け、それらは現代社会の争点を理解する助けとなりました。この時に、アメリカならびにフランスの社会学者を見つけました。そして彼らへの準拠が、私の家族の教育によって伝えられた文化に付け加わりました（父は、法律家でしたが、あらゆるジャンルの文学とエッセーを飽くことなく読んでいました）。私は地理学の研究に進んでいましたので、それを続けました。しかしながら、パリ政治学院《シアンスポ》の授業によって、いかにこの学問が、当時教えられていたものについてですが、社会的議論と無縁なのかを気づかされました。すべての地理学者がつまらなかったからではなくて、新しいことをする人たちがひどい疑念に晒されるということが、むしろ学生を荒廃させていました。私は、学生たちに自分の見解を打ち明けていたジャクリーン・ボージュ＝ガルニエ（第4章注2参照）を思い出します。それは、彼女自身が教えている地理学の限界を暴く、新しい地理学がアメリカからやって来ている！　というものでした。この現れつつある地理学に対して、彼女は全面的に同意しているわけではなく、疑いをもっていましたが、オルタナティブな道を排除してしまうことはありませんでした。私は、滅びゆく、無力な地理学に不愉快な印象をもっていました。

教授資格《アグレガシオン》を取得するとすぐに、私自身が中等教育を終えたルイ・ル・グラン高校の教師に任命されました。1968年〔第2章注3参照〕の少し後のことです。教師と学生の関係は、少し変化していました。それほど深く考えることなく、私は、アルプスで出現しはじめているウィンタースポーツの新しいリゾートに関するテーマで、国家博士論文〔第4章注3参照〕に登録しました。重要な争点なのですが、興味深いことにアルプスの専門家を含めて地理学者はこのテーマを研究していなかったのです。スペールデヴォリュイ・リゾートを建設中のコミューン〔フランスの基礎自治体〕に関するある論文を思い出します。この論文の著者は、すべてを一変させるであろう新規性に関心を払うことなく、羊の牧畜をそこで扱っていたのです。

私は自身の経歴と研究にもかかわらず、アルプスの専門家であるラウル・ブランシャールを除いて、地理学者に頼ることはありませんでした。大学との唯一のつながりは、長らく、私の博士論文の主査であるオリヴィエ・ドルフュス〔第4章注5参照〕でした。このペルーと熱帯山地の専門家は、ボージュ=ガルニエと同じく、地形学から人文地理学へと移行した人です。彼は、他の社会科学を受容しつつ、偉大な地理学的教養を有していました。彼は、現実的な知的好奇心を備えており、私に実にふさわしい人でした。

創設中のリゾートについて研究しながら、移りゆくフィールドに身を置いていました。私は、地理学にとってこのテーマがいかに新しく、加えて革命的であるかを知らずにいました。そうして、私は、異なる場所が独特のツーリズム・システムの生産システムに関与する仕方を明らかにすることで、アルプス地方で当時用いられていた地域区分から免れていたのです。ポール・ヴェレは、その妻とともにグルノーブルのアルプス研究の権威でしたが、『アルプス地理雑誌』のなかで私の博士論文を一言で批評しました。「興味深いが、これは地理学ではない」。当時の古典的な人たちからは批判されました。

私は、１９７７年に国家博士論文を書き上げました。30歳になる前に終えようと決めていて、その誕生日の前日に口頭試問を受けました。この当時としては記録的なことで（通常は40歳から45歳くらいで口頭試問を受けていました）、しかもすでに出版されたものが対象だったのです。博士論文にもかかわらず、私は大学に行きたいとは思っていませんでした。グランド・ゼコール準備学級には満足していましたし、知的エリート主義的なシステムにはいささかも魅力を感じませんでした。

１９８２年から教科書を執筆したことで、私は地理学者を自称しはじめ、自分のやっていることが地理学だと考えるようになりました。私が立てたのではない問いの前線に着手せねばなりませんでした。私はまた、いくつかの書籍と出会ったことで、自身の地理学的素養を充実させました。そのいくつかは、デヴィット・ハーヴェイ〔第６章注２参照〕の書籍で１９７７《ママ》年〔１９７３年〕に出版された『都市と社会的不平等』のように、長きにわたり影響を与えてくれました。

グランド・ゼコール準備学級で、私は、地形図と地質図を解説し、生徒たちにフォントネー・サン＝クルーの高等師範学校《エコール・ノルマル》の入学試験の準備をさせていました。正常の範囲の限界に至るような訓練でした。信じられないような時間をかけて生徒たちに地質学の手ほどきをしました。私にとって、この訓練は面白くないと同時に不毛なものでした。とりわけ、このことが、多くの優秀な受験生を地理学から遠ざけていました。私は苛立ちを感じ、『地理空間（*L'Espace géographique*）』誌に風刺文書の形で「断面図＝断絶で満ちている」というタイトルの原稿を投稿しました。それは掲載されました。こうしたグランド・ゼコール準備学級の無名教師のやり方は、大学の地形学者からは評価されていないも同然でした。1987年のことでした。1年後、CNRS（国立科学研究センター）全国委員会のあるメンバーから次のような話が舞い込んできました。私が初めて会議に出席した帰り、エールフランスの長距離バスのなかで会った人です。インタージオ（Intergéo）研究所の所長職が空いているので就かないかというのです！　私はこれまで、地理情報に特化した、この研究所に関する話題を耳にしたことがありませんでした。私は、大学システムの外にいて、いかなる派閥にも属していませんでした。このことが、研究所長職の公募で私が選ばれるうえで有利に働いたのだと思います。ただ、一つ問題がありました。CNRSの人文科学部部長は、私の役割として、研究を行うのではなく研究を統括することを求めていたのです。私はしたがって、自分自身の研究ツールを生み出しました。それが、サン＝ジェルヴェ学院です。これは、CNRS以外のパートナー（公共団体、省庁、企業）を巻き込んだ、研究・活動の場所です。

地理学への貢献

地理学教授資格《アグレガシオン》試験の改革

これが、1999年に、大臣が私を審査委員長にノミネートし、任命した目的です。地理学は根底から変化していたのに対して、最も優れた教員を採用すると見なされている〔教授資格《アグレガシオン》〕試験が、1

971年から全く変化していなかったのです。これは私が試験に合格した年です。私は、改革を通じて、〔教授資格《アグレガシオン》〕試験を地理学における党派間の権力の争点ではなくそうとしました。教授資格《アグレガシオン》試験は、まず、教育育成と知的開放性の争点でなくてはいけません。私は、審査委員会の協力のもと教授資格《アグレガシオン》試験を改革しました。審査委員会の構成には気をつかい、さまざまな立場や専門性を尊重しました。

筆記試験に関して、改革は、歴史学と地理認識論に関する考察を含むような、さらに統合的な視野のために、自然地理学、人文地理学、地誌学の垣根を取り払いました。おそらく、この点に関しては、私はグローバルな地理学へと至った地理学者たちの読解と手順から影響を受けていました。注解される資料は多様化し、地図だけではなく、今や、テキスト、写真、映画、小説、そして漫画までもがありえるようになりました。四つの小論文の一つが、筆記試験である資料の注解のために廃止され、三つの文書を選択できるようになりました。「空間と社会」（空間分析を含みうる）、「環境《ミリュー》と環境《アンヴィロヌマン》」、それから「空間整備」です。すなわち、現代地理学の三大関連分野です。これによって受験者たちは習得してきた自分たちの専門性を修士から生かすことができます。口述試験では、かなり空虚な学識となっている歴史の講義を、資料の注解に代えました。

私はまた、選抜試験がもはや、言葉のネガティブな意味での「試験＝苦難（épreuve）」ではなくなることを望みました。受験者が丁重に扱われるように、いくつかの指示が審査委員会に与えられました。私が見てきたような悪しき教育の振る舞いによって、受験者を動揺させることが目的であってはならないのです。

場所の契機（moment）

その点について、私は、ある時点において、いくつかの場所が、より一般的な力の状況を具現するという事実のことを言っています。それは、その他の場所を同じ方向へと進化させる力です。場所とそれが他の場所に及ぼす効果との関係は、地理学者によって完全には探求されてきませんでした。私の考察の出発点は幾年も前に遡ります。それは、ピエール・ノラの記憶の場（日本語抄訳『記憶の場1〜3』（谷川稔監訳、岩波書店、2002―2003年））をめぐる諸研究について、ある地理学者がそれを読むことにほとんど関心がないと言っているのを聞いた時です。このことは私に強く訴えかけるものでした。同時に、記憶の場に関して私が読んだ歴史家によるものは、彼らは場所自体に関心を寄せていないことを示していました。こうした、歴史家による場所の考察の不在と地理学者による記憶の場に関する考察の不在に直面して、調和が欠けていると私は考えました。ある場所というのは、明らかに、共通の準拠が共有された特定の領域における諸アクターの組み合わせなのです。

場所の契機という概念は、私たちがMIT（後述）のなかで議論している場所の道程という概念を通じて準備してきたものです。場所の道程という概念は、場所は不変であり、したがって道程を持ち得ないとする地理学者たちを困惑させるものです。明らかなことですが、ツーリズムの場所が示しているように、場所は1世紀後に変わっていても同じものでありうるのです。シャモニーを考えてみてください。なぜこの場所が19世紀末から、つまりそれ以前ではなく、人々を惹きつけ出したのか、また、かたや社会全体が変化してきたのにこの場所が人々を惹きつけ続けているのはなぜか、ということが問われてしかるべきです。地理学者があまり考えてこなかった新しさと不変さが同時に存在するのです。場所の契機という概念はそうすることを可能にするのです。

そこから、少数の新しい実践の連続性としてツーリズムの革命を理解できるようになったのです。そうした新しい実践とは、ある時点で考案された入浴、冷たい水、暖冬といったものに関連し、新しい空間の利用を伴いながら、場所の中で具現されてきたものです。その実践はどのようにして現れてきたのでしょうか？　なぜ他ではなくその場所なのでしょうか？　その実践はどのように普及したのでしょうか？　等々。こうした問いを私たちは立てるようになりました。

改革がよく知られるようになるまで、私は抵抗と、さらには解任要求の陳情書とも対峙せねばなりませんでした。最終的に、それは改良であって革命ではなく、初年から受験者たちに歓迎されました。しかし、この改革はより多くの受験者を惹きつけることができたのでしょうか。そう言うことは難しいのです。というのも、受験者数はポストの数と関係するからです。そして、残念なことに、ここ近年は減少する傾向がありました。省は、成功した改革事例だとみなしてはいますが、（現在の審査委員長）ミシェル・アニュレルと私に、体験を詳細に述べる記事を提出するよう求めました。

地理学国際フェスティヴァル（FIG）の創設

もともと、サン・ディエ市の市長であるクリスティアン・ピエレの意向がありました。詳細は抜きにして高水準の文化行事を生み出したいという意向です。私はインタージオ研究所に着任したばかりで、CNRSによる「コミュニケーションと地理的知識の活用」という特殊な任務を担当していました。私はある討論会で、市長の広報を担当していたクレール・フェラと出会いました。私たちは協力して、場所の歴史に関して強みとなる点を検討しました。なかでも、アメリカ大陸の名前に初めて言及した、サン・ディィエ自身によって作成された地図が存在していました。これによって、地理学との関連を生み出すことができました。私たちはあるフェスティバルを考えつきました。しかしこれは自明ではありませんでした。というのも前例がなかったのです。「愉快な科学」ですら、第一回目のサン・ディィエのフェスティバルを受けて研究省が着手せざるをえなくなったものです。私は、このフェスティバルが地理学者にとってアイデンティティ承認のツールになるとともに、他の学問分野に開かれ、地理学の風通しを良くするツールになると、すぐに気がつきました。フェスティヴァルはサン・ディィエ市と地理学にとって「場所の契機」となりました。

ＭＩＴの創設

ＣＮＲＳの後、私はドルフュスの求めで大学（パリ第Ⅶ大学）に移りました。私が、すでにあるユニットに入る代わりに、新しいチームを立ち上げたのはこの時です。このチームは当初からＭＩＴと呼ばれました（アメリカの有名な研究機関と神話上の観念という二重の目配せ[1]があります）。これは、移動(Mobilité)・道程(Itinéraires)・ツーリズム(Tourismes)（当初は領域 Territoires）から三つの文字をと

1　マサチューセッツ工科大学がＭＩＴと省略されることとフランス語で「神話（mythe)」がミットと発音されることにかけている。

ったものです。

その第一の独自性は、ヒエラルキーを否定していることです。私は、自身が大学で一度も好きになれなかったものを再生産したくはありませんでした。発言は自由で、学生が大学教授の研究を批判することができました。多くの資金を持たなかったために、私たちの読解や問いをめぐる交流に専念することができました。それは、私の知る限りでは比類なき自由な空間で、現代の研究においては例外的な集団での執筆作業を兼ねたものでした。メンバーが入れ替わっても、このグループは、変化を遂げながら、とりわけ集団での研究と個人的な研究の優れたバランスの追求において、そのまとまりを維持することができました。

ツーリズムへの刷新されたアプローチ

ツーリズムへの私の関心はどこから来ているのでしょうか。これを説明するための一つめの鍵はおそらく私の根無し草的な地位にあります。私はフランス文化のモロッコで生まれ、15歳まで過ごしました。これは取るに足らない経験ではありません。別の鍵としては、両親との旅行の経験があります。バカンス期間はいつもヨーロッパを旅していました。その旅行はミシュランガイドの薦める、そして私自身で選ぶ、美味しいレストランを経由するものでした。領域に関する私の素養は、したがって、有名な赤いガイドブックと多くの旅行体験に起因するものなのです！　ツーリストに関する私の着想もまた、おそらくはそこからきています。つまり、ツーリストは、得てして表現されるように必ずしも流されやすい人ではないという考えです。ツーリストは、彼らの旅行の行為主体であり、作者なのです。生まれながらにツーリストであるわけではなく、複数の経験を通じてツーリストになるのです。

私の博士論文のテーマは、空間整備の問題からツーリズムを取り上げていました。しかし、ツーリズムという分野に完全に乗り出し、そのアプローチを刷新するアイデアをもったのは、サン・ジェルヴェ学院とＭＩＴのおかげです。ツーリズムの地理は、もはや新しい大事なことを生み出しておらず、残りの地理学コミュニティからは、よく見られていませんでした。ツーリズムは重要なテーマとは考えられていませんでした。教科書、ＦＩＧの創設と指揮、教授資格試験《アグレガシオン》の審査委員長職、地理学論考コレクション（『地球図』）の指揮によって得られた評判のおかげで、私は「ツーリズムの地理学者」という単純なレッテルから部分的に逃れることができました。ツーリズム分野の重要性を承認させる最良の方法は、ツーリズムが移動形態として、社会の機能の仕方をよりよく理解するために適切な入り口であるとともに十分に利用されていないことを、社会科学の研究者に納得させることであると私は常々考えていました。ここに至るために、私は一方でツーリズムの地理が閉じこもっている限界（早く行くための宿泊の勘定や、対象自体の不十分な考察）を退けようと努めました。また他方で、ツーリズムの専門家以外で社会問題の良き分析者である研究者たちがこの分野に来るように努めたのです。

既存知識の脱構築の予備的作業に際して、知識人たちがツーリズムについて語るとき、唖然とするようなつまらないことを彼らがどれほど言い得るのかを目の当たりにして、私はショックを受けました。私が素晴らしいと思っている知識人たちです。したがって、私たちは、そうした結果を引き起こしかねない争点の性質と重要性について、注意しなくてはならないのです。

他の学問領域に開かれることは、地理学に特有の方法を放棄することを意味してはいませんでした。

まさにその反対なのです。MITのチームは、地理学の知識、ツール、概念を使うことで、つまりある特定の場所の生産、そうした場所が変化する仕方、場所と個人ならびに集団との関係にある特定の光を当てながら、ツーリズムにアプローチしたかったのです。他の学問分野へとつながるためには、自身がどういった学問のアクターなのかを知ることが必要であると私は確信しました。私は、したがって、自身のことをツーリズムの地理学者ではなく、ツーリズム、移動性、都市性について研究する地理学者であると考えています。

影響を受けた人

私はまず、博士論文の指導教員であるドルフュスを挙げたいと思います。地理学を大きく超える、広範な素養を備えた人です。型にはまらず、大ブルジョワで、フランスの地理学を代表していない地理学者であることに気がついていました。

私が研究上で影響を受けた人たちのなかで、まずもってブリュネがいます。私は、トゥールーズの農村に関する彼の博士論文を読みました。この博士論文は古典的であると同時に革新的でした。私たちが初めて出会ったのは、遅まきながら、私がCNRSに入った時です。他の人と同じく、私は彼の知的な豊かさと彼のリーダー的側面に強い感銘を受けました。地理学が陰鬱に思えていた時期に、私にとってこのことは刺激的に見えました。私は、インタージオ研究所の所長への打診を受けた時、彼が以前数年間この研究所で所長をしていたことを知っていたので、助言を求めました。私が任命されたのを受けて、私は彼が編集委員長を務める『世界地理』〔第1章参照〕の編集委員会に加わりました。ドルフュス、F・デュラン＝ダステス、ブリュネに添って、著者として第一巻に参加しました。読書を通じてしか知らなかった、選り抜きのフランス地理学に出会うことができた冒険でした。

『世界地理』の編集は、どこか恐ろしいところがありました。私は大学教授たちがブリュネの指摘を待っている間木の葉のようにふるえているのを目の当たりにしました。興味深く観察した社会ゲームです。また、「空間法則」という考えに私が完全には賛同することはないにせよ、それは地理学の刷新と信用付与のためのテコでした。

私はまたジャン・マロリーを挙げたいと思います。私は、1955年に出版された、彼の『トゥーレ〔古代ギリシャ人が信じた世界の北端〕最後の王たち』をかなり早くから読んでいました。もともとは地形学者でその後、グリーンランドでの研究から民族学

『旅行』（1999）エマニュエル・フィンケル

いくつかの絵画が長く記憶に焼きついています。ピーテル・ブリューゲルの「反逆天使の堕落」、ファン・デル・ウェイデンあるいはルーベンスの「十字架降架」、レンブラントの「ユダヤの花嫁」、ウィリアム・ヘダあるいはニコラ・ド・スタールの静物画、ピーテル・クラースのヴァニタス、さらにはロイスダールの目から描かれた「森のはずれ」です。これらの中から一つを選び出すことはできませんので、私の見方を変えることなく私を驚かせ自分の考えを確認させてくれた、ある映画作品を取り上げることにしましょう。これは、1999年に制作され、2001年にArte〔ドイツとフランスの共同で運営されているテレビ局〕でたまたま視聴した、エマニュエル・フィンケルの映画、『旅行』です。見ることになる内容を知らなかっただけに（私は映画のテーマを知らず、タイトルを覚えていませんでした）、ショックは一層大きかったのです。物語の諸断片を通じて、フィンケルは、三人の年老いた女性たち、根無し草の、

者になった人です。彼は、浸食作用を研究するためにグリーンランドに赴き、イヌイットに関心をもちました。マロリーは、異なる世界への好奇心を有しています。今日あるいは最近の自身の異郷への関心を鑑みると、私が敏感に反応したのはこの点なのです。地理学者以外では、CNRSに所属する社会学者で、インタージオ研究所の枠組みでお会いしたミレイユ・ブリュストンが本質的な役割を果たしました。彼女はサン＝ジェルヴェ学院の初期メンバーであり、その後、MITに属しました。学術界からは承認されていない稀な人物です（規定的には、彼女はITA（行政技術者）であり、研究を行わないと見なされていました）。彼女は、精神分析で教育を受けたのですが、理論的であると同時に実践的に、世界ならびに他者をどうやったら別様に読解し得るかを私に示してくれました。私は、観察を行う性格ですが、彼女のような鋭さはありませんでした。完全に彼女のおかげで私の眼差しは鍛錬されました。同様に挙げておかねばならないのは、彼女の地理学に関する考察です。彼女は、外部から見ることで、私たち地理学者の実践に対し意味のある問いかけをしました。彼女はすでに、インタージオで地理学

収容所の生き残りの三人を私たちに見せます。彼女らは、それぞれに旅行をします。ホロコーストの過去に向けた、彼女たちの子ども時代に向けた、到達できない内面の平穏に向けた旅行です。あるいは、同じ階の隣人とイスラエルに移住したばかりで、誰もイディッシュ語を話せない、敵対的なテル＝アビブのなかをさまよう、このロシア人のおばあさんのように、期待していたほど歓迎されない「約束の地」に向けた旅行です…。

『旅行』は、私的なものであると同時に普遍的なものの映画です。旅行すること、これもまた、本来的に立ち止まることであり、現在と過去、他者と自己、約束の地と現実の地に立ち向かうことを受け入れることです。『旅行』は稀有な映画です。それは人生について語りながら、普遍的なものへと至るのです。なぜなら、普遍的なものには必ず自己の断片が見出されるのです。

となじんでおり、私たちとのつき合いでそれに磨きをかけました。私たちはしたがってお互いに自己成長したのです。

現在の地理学をどうみるか

私は、地理学を構成してきた分化が、息切れしつつあると感じています。このことは、やはり、まずはそれらを体現してきた地理学の偉大な人物たちのリタイアに起因するものです。FIGもまたそこに何らか関係しています。FIGは、互いにもはや会話をしない、ないしはほとんど話さない地理学者たちが互いに出会うことを可能にしました。

私は、今日の若い人たちには、依拠すべき革新的な場所が不足しているように思います。とりわけ研究所がロビーイングの方法を伴う惰性の力で機能する傾向があるとき、研究所があまりにも長く持続することは健全ではありません。これらの組織体の欠点は、その創設を正当化していた理由を超えて永続するということなのです。前もって4年と定められた期間で創設されたサン＝ジェルヴェ学院にならって、今後は研究組織を一時的なものにするべきでしょう。

現在、数多くの興味深い研究がありますが、その全体としての一貫性を容易に読み取ることはできません。そうした一貫性が仮に存在すれば、ということですが。私は、何か新しいものの兆候が宿る時期として、今の時代を生きています。それは何なのでしょうか？　私にはそれはわかりません。国際的な研究チームの創設が今後はまず不可欠だと思われるとしても、です。確実なこともあります。

すなわち、今はっきりと言えるのは、社会科学と社会の議論に参加した知的な地理学者の人物像は、ベルナール・ドバルビュー、ジャック・レヴィそれからミシェル・リュソーによって体現されているということです。

レミー・クナフの主要著作

Les stations intégrées de sports d'hiver des Alpes françaises. L'aménagement de la montagne « à la française », Masson, 1978.

« Mondes nouveaux », volume 1 de *Géographie universelle* (sous la direction de R. Brunet et O. Dollfus), Belin-Reclus, 1989.

Matériaux pour une sociologie de la géographie (co-direction avec D. Dory et D. Douzant-Rosenfeld), coll. Géotextes, L'Harmattan, 1993.

L'État de la géographie. Autoscopie d'une science (dir.), 1997, coll. Mappemonde, Belin.

Tourismes 1. Lieux communs (2002), *2. Moments de lieu* (2005) *3. La Révolution durable* (2008) coll. Mappemonde, Belin.

9

ジャン＝ロベール・ピット

Jean-Robert Pitte

風景の専門家であると同時に、ワインと美食の専門家でもある彼は、人間が食品との間に保ち続ける関係の多様性を解き明かす味覚の地理学ともいうべきものを通じて、文化地理学と歴史地理学に貢献した。彼は、グローバル化は標準化の危機にもなるが、土地の産物をより広く普及させる一つの機会となりうるとみなしている。生産者がその産物の狭い概念にとらわれないという条件のもとでならということで、味覚の地理学はその産物が時代の流れのなかでどれほど進化を必要としたかをも示している。

1949

パリに生まれる

1966 - 1971

ソルボンヌで地理を学ぶ

1971

教授資格試験（アグレガシオン）

1972 - 1974

ヌアクショット（モーリタニア）の
高等師範学校（エコール・ノルマル）の助手

1986

博士論文口頭試問

1988より

パリ第Ⅳ大学（パリ―ソルボンヌ）教授

1992 - 2000

フランス地理学国内委員会委員長

2003〜

パリ第Ⅳ大学（パリ―ソルボンヌ）学長

きっかけ

最初になりたかった職業は、料理人です。でも私の両親は、まずバカロレアを取るように私に勧めました。その間に、もう一つなりたい職業がありました。キャビン・アテンダントです！　知らないうちに、私はツーリズムの方を向いていました。この分野は、まさに飛躍中でした。高校3年《テルミナル》の学年で、私はソルボンヌに所属するツーリズムの高等機関の存在を知りました。

私の両親は、とくに高等教育を受けるようにはいいませんでした。私はそこで喜んでやめることもできたのですが、17歳以下でバカロレアを取ったので、職業生活に入るには若すぎるようでした。そこで、勉強をつづけたのです。旅行が好きだったにもかかわらず、とくに地理をやりたいとは思いませんでした。

その代わり、私はいつも過度に理論的な知的思索を拒み、具体的な問題を好みました。私の哲学の先生は私を評価してくれました、なぜなら私は例を挙げたからです。そこからまた、私の地形学への関心も来ています。具体的な外観から、地形学は三次元の現実を理解するのを助けてくれます。その時から、私は四つ目の次元、抽象化というそれを必要としていなかったのです！　それこそが、五感を働かせる、知覚の地理ともいうべきものに私を駆り立てたのです。それはまた、料理人になりたかったことや旅行がしたかったことと、私のなかで明らかに一貫性をもっています。

学生時代

ツーリズムの高等機関に入るには、あらかじめ地理学のDUEL（大学文化系第一課程修了証書）（のちのDEUG）[1]を取る必要がありました。こうして私は地理学の勉強を始めましたが、とくに魅力的だとは思いませんでした。この機会に私は地形学に出会いました。もう亡くなってしまった、アンドレ・ギルシエの授業を覚えています。彼がとくに明瞭な人で、自分が世界中から撮ってきた写真を用いていたために、私は感動しました。私は、何がケスタで、何が褶曲で、何が背斜谷であるかを理解しました。私はまたカルトグラフィーも気に入りました。私は地図を作ったり、コメントしたりするのが好きでした。巡検もあって、それは実際の風景を前に地図を分析する機会でした。

他方で、私は経済地理学にはほとんど関心をもてませんでした。覚えているのはその授業の間は非常に退屈だったこと、中等教育を思わせるような石油や石炭の年間産出量を暗記するデータのリストぐらいです。

DUELの2年目は、1968年5月〔第2章注3参照〕にぶつかりました。私はこの時期が嫌いでした。私には、若いブルジョワの反乱に思えたのです。その時期、最もめぐまれた学生たちのなかにいなかっただけに、よけい腹が立ちました。服装を見れば十分だったのです！　私が理屈抜きに反マルクス主義になって政治的に変容したのはこの時です。私はそこにとどまりました。ところがこの

1　Diplôme d'études universitaires générales の略で、バカロレアのあと2年大学で勉強したことを示す証書。

時期、フランスの地理学はマルキストに支配されていました。大学の自治や参加、そして学問分野を複数学ぶエドガー・フォール法に続いて、私は、コミュニストの学生の面々に対抗して、学生代表として地理学研究所とソルボンヌの参事に選ばれました。私はこれまでどの派閥のメンバーでもなく、自分のことを現在と同様に政治的でないと自認していましたが、人は私を反動に分類しました。私は容認しました。続いて、学問分野を複数学ばせる新しい大学の創設がありました。パリの地理学者は、三つの大学（パリ第Ⅰ大学、パリ第Ⅳ大学、パリ第Ⅶ大学）に分かれなければなりませんでした。この分割が政治的であったことは明らかです。私自身、まずは政治的な理由でパリ第Ⅳ大学を選びました。でも、あとからわかったことですが、イデオロギー対立の裏で、学問的な不一致もあったのです。パリ第Ⅳ大学を選んだ地理学者（ジャン・デルヴェール〔第2章注7参照〕、グザヴィエ・ド・プラノール〔第2章注6参照〕、ピエール・ビロなど）は、心の置き方や研究テーマの持ち方が私と合ってもいたのです！　私の政治選択は、その意味では、私の学問的な選択と表裏をなしていたのです。

学部卒業の年（1969―1970年）には、地理学者になるという考えはもはや私にとって突飛なものではなくなりました。私は選択として農村地理学を選びました。全くの偶発的な選択でした。農地の地理は私を夢中にさせました。私がしばしば滞在した田舎の人々の生活も同じです。私はそこで歴史の深みを知りました。私の兄が、すでに1968年に、都市を逃れるという考えで大地への回帰をしていました。

同じ年に、私はトゥールーズの農村についてのロジェ・ブリュネの博士論文を読みました。あることが私にはとくに興味深く思えました。領域の基礎的な単位を特定することへの関心を示す農村的区画についての考えです。こういった単位からすべてを説明する機構を作り出すことなど、私には思いもよらないことでした。

私の地理学への関心は、実践的に適用できるとわかった時に強化されました。この点では、地理学はただ百科事典的な知識を蓄積するのに役立つだけではなく、よりよく都市やネットワーク、交通といった領域を整備するのに役立たなければならないと考えたミシェル・フリポノー、アルマン・フレモン、アンドレ・ジュリヤールのような地理学者の功績を再認識しなければなりません。

1969年秋、私は危うく養蜂で修士をとるのに失敗するところでした。夏になると、少しお金を稼ぐために、私は農業労働者となった兄のところに行って蜂の巣を移動するのを手伝っていました。最終的には、ボージュ＝ガルニエ〔第4章注2参照〕のサジェスチョンで、私は論文を書くことにし、それはすぐに『地理情報（*L'information géographique*）』に掲載されました。それが私の最初の出版です！ 20歳でした。それには感謝しています、自分に自信を与えてくれたからです。

学位論文としては、私は最終的にビュジェイのワイン畑を選びました。1966年に私はワインの収穫をしたことがあり、ゾドウとワインの世界に魅了されました。大地での労働、そこにかかわる社会関係。ボージュ＝ガルニエの専門では全くありませんでした。私は粘らなければなりませんでした。

修士の口頭試問の直前になって、先生は私に教授資格試験《アグレガシオン》を受けるように促しましたが、それは私が一瞬たりとも考えなかったことでした。教授になるなんて考えもしなかったのです！ 高等師範学校《エコール・ノルマル》の存在さえ知りませんでした。そういうわけで私は試験を受け、1971年の春に、そして驚くべきことに、一回で受かったのです。教授資格試験《アグレガシオン》のプログラムは、私の気に入りました。それはとくに中世のイタリアとフランドルの商人についてのものでした。それは、地理との関係から、私の関心において歴史学を強化するものでした。21歳と10か月で、私はシャプタル高校で中学2年生《サンキエーム》の授業、とくにだれもやりたがらない技術系の高校1年生《スゴンド》の授業をもっていました。その頃に、〔改組で〕パリ第Ⅳ大学〔ソルボンヌ〕が作られ、教師が足りませんでした。私は〔大学〕教員になりました。第1学年のTD（補助教員）として週に2時間もっていました。まだ20歳と少しでしかなかったので、実際私の教え子と同じ年でした！　このころから、少し権威を見せるために教壇でネクタイをしていました！

　私はジャクリーヌ・ド・ロミイ、ピエール・グリマルやウラデミール・ヤンケレヴィッチのようなよく知られた先生たちがいるソルボンヌの会議に参加しました。それは首が縮むようなもので、同時に、大学で教えるには博士論文を書かなければと思うようになりました。私は協力奉仕（兵役に代わる仕事）の間にそれを書きました。私は１９７２年の春にいったんブルンジでの仕事に呼ばれました。しかし、フツとツチの最初の大虐殺の一つを伴う内戦が勃発しました。私は結局モーリタニアに行くことになりました。同じ年の9月の初めのことです。デルヴェールは熱帯世界の専門家で、その後博士論文の指導教員になってくれるよう妥診したのですが、私をグザヴィエ・ド・プラノール、北アフリカと中東のムスリムの国々の専門家のところに指し向けました。プラノールとは教授資格試験《アグレガシオン》の年に会っていました。彼とはあまり話すことができませんでしたが、彼の博学には印象づけられました。そのうえ彼はパリ第Ⅳ大学の教授で、言うまでもなく私は博士論文をパリ第Ⅳ大学に出したのです。

　モーリタニアでは、私はヌアクショットについて博士論文を書きました。そこは、15年前には全くの砂漠だったところに、完全に新しく作られた首都でした。それは都市地理学の博士論文で、そのなかで私はこのプロジェクトは失敗するよりないと示しました。それは砂の中のサルセル〔高層団地が集まったパリ郊外の都市〕のモデルだったのです。私は住民が認識するヌアクショットについて一章を割きました。要するに「生きる」ヌアクショットです。私はこの都市がどんなに住民の欲求や期待に適合していないかを見ることができました。そこは遊牧民の生活と戦うという目的しかなかったのです。1973年12月、私はテオドール・モノーの進行のもと、砂漠化についての学術会議の企画に参加しました。私たちは、アフリカと中東の比較の視点から、プラノールを招きました。農業大臣との討論を思い出します。遊牧民の家族出身の彼は、牧草地のためによくないので、遊牧はやめるべきだと考えていました。それは間違いなのですよ。住民を定住させるほど、彼らは動物を牧草地に集めるので、すぐに枯渇してしまうのです。干ばつがあるほど、より遠くまで遊牧しなければならないんです。私たちはわかってもらえませんでした。

　このモーリタニアでの2年間は、私にとって人間的な経験でした。まず、私は国を遠く離れ、そんなに長い間暮らしたのは初めてでした。私は〔現地の〕高等師範学校《エコール・ノルマル》においてフランス語で歴史地理を教え始めるために招聘されました。17人の教え子がいて、ムーア人や黒人、聖職者や戦士が混じっていて、要するに、その国の人口の代表的な標本でした。モーリタニア人は砂漠の民で、テントで何時間も長話をして過ごすのが好きなのです。私の教え子の一人はマルキストでした。毎回、質問と抗議がありました。ジャン・ドレッシュやその周辺の手ごわい弁証家を前に、大学の参事として学んだ即答の感覚を研ぎ澄ましたのはそういうわけです。

　教育関係のほか、私は砂漠を見て、興奮すると同時に、悲惨な思いももちました。私は第三世界主義についての本を読んでいましたが、あまり納得できませんでした。私はそこにマルクス主義の破壊的な影響を見ていました。私は同情を覚えましたが、白人的嗚咽を漏らすことなしにでした。逆に私は、彼ら自身の発展の道を決めるのは彼らであって、そうできると教え子を説得するのをやめませんでした。

私は帰国して数か月後、1975年の春に博士論文の口頭試問を受けました。中等教育の教員となった昔の教え子のところで教育審査官としてモーリタニアに残るのと、ソルボンヌで教えるという選択肢がありました。最終的に、私は二つめの可能性を取りました。生涯そうなるとは思いませんでした。

私は国家博士〔第4章注3参照〕のテーマを出すように言われました。プラノールは、数年の間考えていたテーマを提案してくれました。クリ栽培についてです。受け入れるのに1年かけました。それは未踏の分野だったためです。地理学者は誰も関心をもっていませんでした。それまで、その木は世界の初めから存在したと考えられていました。それに、その名もギリシャ語やラテン語から来ています。さらにすぐに、それが自然なのか、人間によって植えられたのかという問いが来ます。私が手がけなければならなかったのは、まさにこのあいまいさでした。1975年秋に博士論文を始めて、クリについての生物学的な研究の機関があるフィレンツェに2か月行き、たくさんの資料に当たりました。私はまた、メディチ家の古い台帳や資料にも当たりました。このテーマは、私に歴史と地理の関係、生物学と人文地理学の関係づけをさせました。それはわくわくするものでしたが、どこに行ったものかはわかりませんでした。1976年夏までに、アルデシュの資料館で研究していたころですが、私は18世紀の巻物を見つけました。それは1メートル70センチくらいで、16世紀からの区画ごとの所有者や耕作物の変遷に言及した土地台帳でした。公証人の傑作でした。私はその場所を実際に見つけました。それはオブナの近くの、アルデシュのクリ畑の真ん中でした。資料に最初に出てくる1390年から1976年まで、12ほどの地図を通じて、私は景観の変化を再現しました。何がわかったでしょうか。まず、穀物畑の真ん中にいくつかの区画があって、第二次大戦までは拡大し、そしてブドウを植えるために衰退していきます。16世紀からのクリ畑の拡大は、人口の増加に対応していました。クリは、穀物より多くの人々の食料となっていたのです。考えられているのとは逆に、クリ畑の存在は、つまり、比較的新しいものだったのです。そのテーゼは、その後スペインやポルトガルでも確認できました。1986年に口頭試問を受けましたから、10年以上かかったわけですが、自分のお金でいくつかの国を訪れることができました。偶然にも、私は、ファイヤール出版で働いていた友

日本の発見

私の妻は日本人です。彼女がワインについてのルポルタージュのためにフランスに滞在していた時に出会いました。彼女を通じて、私は全く知らなかった世界を発見しました。日本です。結婚から2年後の1980年に、私は日本に初めて行きました。それから何度も行っています。毎回、衝撃があります。禅の文化については、私は日本に君臨する豊かな生活ほどには評価しません。それほど遠くから来た人と一緒に生活をすることは、学問の仕方においてまで、見直しが迫られます。それでも私は日本語を勉強せず、専門家にもなりませんでしたが、この国の発見は間違いなく私にとって他者や他のものに開かれた文化地理学の前提となっています。

人のデニス・マラヴァルのおかげで、口頭試問から一か月以上もたたないうちにそれを出版することができました。それは広く受け入れられました。私はいくつかの講演をするように招かれました。

博士論文の審査から、私はパリ第Ⅳ大学の教授になる見通しができました。なぜなら、何人かの人が退職することが知らされたからです。それで、ほかのところにはいきませんでした。私は１９８８年にポストを得ました。

地理学への貢献

時代を超えた風景の変化の研究

１９８０年に、出版社の友人のマラヴァルに、ドーヴァー海峡の向こうで50万部売れたというW・G・ホーキンズの『英国風景の形成』というイギリス地理学の本について話しました。彼は私になぜフランスの地理学はそこまで行けないのかと聞きました。『フランス文化と風景』を書いたのは、つまり、挑戦のようなものです。私はそこで農村はもちろん都市の風景についても書き、歴史を通じたその変化を、新石器時代から今日まで書きました。そこから、ル・コルビュジエがそうであるような、すべての画一化の試みには強く反対するようになりました。その本は本当に成功して、同僚に読まれるだけでなく、たくさんの人にも関心をもってもらえる地理学をしようと思うようになりました。もし書き直すなら、まず表象の役割を強調します。あれから文化地理学の視角において強調されるようになったのです。

タイトルに地理学と入れなかったことを残念がる人もいました。それは事実上、地理学の本です。続いて出版したガストロノミー〔美食学〕についての本には、私は副題で「情熱の歴史と地理」とはっきり入れることにしました。

味覚を通じた文化研究

この研究は、個人的なガストロノミーとワインについての関心と地理学を調和させました。それは、風景の歴史が私に気づかせた考えを強化するものでした。地理学は多様性を創出し、その多様性がまさに地理学の学問の対象なのであり、ある場所と他の場所の違いを説明し、その境界を示そうとするものです。

私は、文化地理学への個人的な貢献として、この地理学を80年代から始めました。農産物加工産業、そしてファストフード店の飛躍の時代でした。この文脈で、私は味覚の画一化に対抗する最良の砦となると考えられる土地の産物を防衛し、描くように努めましたが、同時にこのような産物にとってグローバル化はよい機会になることも示しました。それらを世界に知らせることができるからです。あれから、消費者はかなり拡大した量の、世界各地からもたらされる産物、感情の新しい花火となるような産物にアクセスするようになりました。このような土地の産物を不変の現実として是が非でも保護するというのは全く私の考えとは異なります。私はいつも原産地呼称（ＡＯＣ）の法に反対を表明しています。１９３０年代に考えられたこの法は、「地方の、誠実で、不変の慣習」からくる産物にこの呼称を与えます。最初の二つは譲るにしても、最後の「不変の」は拒絶します。土地の産物は風景のようなものです。変わるのです。要するに、グローバル化は画一化の同義語でないだけではなく、逆に新しく土地の産物を発明するための新しい資源を提供するのです。

新しい動物や植物の種を導入することは、土地の産物だけでなく、いわゆる地方料理にさえ役立っています。カスレには、アメリカ大陸から入ってくるまで、トマトもいんげんも入っていなかったのです。じゃがいもも、アンデスの高地から入ってきた後、多数のレベルで料理されています。

『地方の世界』で私がガストロノミーと宗教の間の関係について書いた年表は、遊牧民のたくさんの産物を私に発見させました。たとえば、七面鳥についていえば、アステカの皇帝に評価されていたものです。アパラチアの森でそれを見つけたパイオニアたちは、サンクスギヴィングのメイン料理となるまでそれを変えてきました。それが英国国教徒たちに採用されて、フランスのカトリックにはクリスマスのお祝いに使われるようになりました。

ある歴史地理学

私は、私の世代では珍しく歴史地理学に関心をもったひとりです。地理学研究所でプラノールを発起人として1976年に企画された研究会の時、私は最も若い参加者でした。歴史地理学は、最も劇的な分野には見えませんでした。恐らくだからこそ、私は惹かれたのです。踏み固められた道を行くのとは全然違っていました！　それから、私は歴史が好きで、史料で仕事をするのが好きでした。

私は、地理学が歴史学に買収されたとは決して考えませんでした。確かに、歴史学者は社会のなかで、メディアや出版界で最高の地位を保っています。私は、地理学者であることにはそれほどコンプレックスを持っていません。私にとっては、この二つの学問は結びついています。年表をもとに地理の授業をすることにためらいは感じません。しかし、歴史地理はとくに歴史からのアプローチなので、時代について地理学的な視点を置くことにこだわっていて、それは多くの歴史家がしていないことです。私が指導したベネディクト・デュランの博士論文によれば、ブローデルののち、20世紀の後半から、歴史学者の地理学的知識は劣化しているのだそうです。私は、地理学者はこの変化の責任の一端を負っていると思います。実際に地形学的すぎたり、経済的すぎたりする見方の中にこもってしまっていました。1960年代の地理学は、歴史学者を全く魅了しませんでした。逆に、私はどうして地理学者が歴史学から自分を引き離そうとするのか、わかりません。歴史地理学は正統性がないとさえ考える人もいます。歴史学以上でも以下でもないというのです。それは間違いです。

影響を受けた人

当然、プラノールを挙げます。私の博士論文の指導者です。非常に博識の地理学者です。イスラムの専門家で、またまったくもって異なるテーマの本をたくさん書いた人です。『イスラムの歴史の地理学的基盤』と『雪の水』など。

また私が助手をしていたクラヴァルも挙げたいと思います。私は経済地理学、モデル化の地理学を始めとして、彼の地理学のすべてに賛成ではありません。それでも、TDとして教えなければなりませんでした。彼の熱心で百科全書的な精神は、いつも何かについての助言を引き出すものでした。ハンバーガーが北ヨーロッパの中世の古い刃物のことであり、それが大西洋を渡ったことを知ったのは彼からでした。

二人に、私は要求されるレベルの感覚をもらいました。私はいつも彼らの評価に値するようになろうと苦心していました。それが私の自由を縛るものであったとしてもです。だから、本質的であったり、生産的であったりしなくともなお、大学の世界の特徴であるこの師弟関係は厳しく、時に過剰にそうなのです。

ボージュ＝ガルニエも挙げたいと思います。彼女は私の学問的な選択にもかかわらず、それは彼女のものでは全くなかったにもかかわらず、私に自信を与え続けてくれました。そこから、私は自分の学生を高みに上げ、大きな自信を与えるように努力し続けています。

アルフォンス・デュプロンも挙げます。パリ第Ⅳ大学の創設時の学長で、思想史の学者です。私は人

『味覚の形相学、あるいは、卓越したガストロノミーの瞑想※』
アンテルム・ブリア＝サヴァラン（1755-1826）

この本の著者は、行政官であり美食家だが、1825年にこの本を匿名という仕方で出版する。アフォリズムとレシピを混ぜ合わせて、彼はフランスのガストロノミーの基礎を書いている。「私は修士の時にこの本と出会いました。それ以来、非常によく使っています。素晴らしい文章です。自分が教育を受けた旧制度へのある種のノスタルジーに悩んだ啓蒙時代の人物によって、同時代人へのたくさんのユーモアと愛を持って書かれたものです。全体として、生き、語らい、意見を交わす喜びへの教育に捧げられており、よく食べよく飲むことは建前でしかありません。地理学の本が著者や読者に『味覚の形相学』のような歓喜をもたらすとき、私たちは救われます。」

〔※訳書『美味礼讃』（関根秀雄・戸部松実訳、岩波書店、1967年）〕

文科学は起業家の世界を含めた現代世界において、有益であるべきだという考えをもっています。私は最近、ソルボンヌのなかに、起業する機関の出張所を受け入れました。すでに、私も所属していた学生の組合と、企業のなかで最初に行うインターンのシステムを作っていました。人文学の学生にこだわったもので、上級の管理職や企業経営者のそばで一週間を過ごします。会議やビジネスランチなども含めたすべての場面です。企業の世界に入っていくためです。

現在の地理学をどうみるか

地理学はすべての方向に広がっていて、多様なアプローチで自分のものとして引き受けます。歴史学者のように、地理学者はなんにでも関心をもっています。タブーとなる主題はありません。死、夜、セクシュアリティ、内面の風景、作家や画家の作品など。

地理学者は他の学問分野に開いていきます。残念なことはといえば、経済を経済学者やその他の人文科学に置き去りにしたことです。グローバル化の文脈では、領域の役割や、場所の重要性を強調することが重要です。逆に、みんな政治の領域を研究しています、以前ほど政治的ではなくなった時代にです。なんという逆説でしょう！

60年代から70年代の期間を特徴づけていたイデオロギー対立は弱まりました。同時に、人文地理学と自然地理学の間の古い亀裂は生きています。環境は人間のものであり、その研究は最後には自然主義と人文主義の交差するアプローチを要求します。そして同時代人に対してより役立とうとする、社会の問題にかかわろうとする地理学者の意志というものがあります。大学のなかでは、それは学生が具体的に役に立たせることを準備するような教育や研究の形を見つける意志ということになります。私はそのために職業修士を設置したいと思っています。地理学者は、教育や研究のほかに、学生にとっては最後に新しい雇用の視野をもたらす領域整備の分野と、環境や持続可能な開発に関係した課題を掘り下げるという分野において、先端を行っていました。

地理学にブリュネやクラヴァルと対等な偉大な研究者がいなくなったことについて残念に思う人もいます。彼らがまだ生きているのに私が何をこたえられるでしょう。それから、30年前は彼らはそれほど知られていたでしょうか？　確かに、歴史学はメディア的な経路でよりうまくいっています。しかし、ブローデル[2]やデュビー[3]のような人はどこにいますか？

サン・ディエ・デ・ヴォージュの地理学の国際フェスティヴァル（FIG）はこういう人たちを安心させるのに非常に大きく貢献しました。大学全国評議会（CNU）の地理学部門が機能して、うまく結果を出したのです。FIGは他の学問分野には比するもののないショーウィンドーです。歴史学とそのブロワでのフェスティヴァルを別にすればですが（〈地理学フェスティヴァルは〉そこから直接構想を得たものですから）。

他のナショナルな地理学を見渡すと、フランスの研究者は使える資金がほとんどないにもかかわら

2　フェルナン・ブローデル。フランスの歴史学者。訳書に『地中海世界』（神沢栄三訳、みすず書房、2000年）

3　ジョルジュ・デュビー。フランスの歴史学者。訳書に『西欧中世における都市と農村』（森本芳樹ほか訳、九州大学出版会、1987年）など。

ず赤面するようなことはありません。確かにフランス人はＩＧＵ（国際地理学連合）にあまり出席しません。しかし、フランス式の文化地理学は、英語圏やアジアの仲間たちに非常に評価されているのです。

ジャン＝ロベール・ピットの主要著作

Histoire du paysage français, 2 vol., Tallandier, 1983 et 2003.『フランス文化と風景　上下』（高橋伸夫・手塚章訳）東洋書林、１９９８年

Terres de Castanide. Hommes et paysages du châtaignier en Europe de l'Antiquité à nos jours, Fayard, 1986.

Gastronomie française. Histoire et géographie d'une passion, Fayard, 1991.『美食のフランス―歴史と風土』（千石玲子訳）白水社、１９９６年

Philippe Lamour（*1903-1992*）, *père de l'aménagement de l'espace et du territoire en France*, Fayard, 2002.

Le, Vin et le divin, Fayard, 2004.

Géographie culturelle, Fayard, 2006.

Bordeaux-Bourgogne. Les passions rivales, Hachette Littérature, 2006.『ボルドーVS.ブルゴーニュ：せめぎあう情熱』（大友竜訳）日本評論社、２００７年

〔その他の日本語訳〕

『ワインの世界史：海を渡ったワインの秘密』（幸田礼雅訳）原書房、２０１２年

監修者として

『パリ歴史地図』（木村尚三郎監訳）東京書籍、２０００年

ほか寄稿多数。

10

ジャック・レヴィ

Jacques Lévy

地理学者には取り組む習慣がないか、もしくは他の社会科学に放り出している研究対象、そのようなものが、空間の政治的争点に関する省察を通じてこの地理学者に扱われるテーマの性格である。レヴィは、都市やヨーロッパ、グローバル化といった課題を越えて、学問分野をまたぐ研究の立場《インターディシプリン》、さらには次《ポスト・》の学問分野《ディシプリナリテ》の形を見据えて、社会科学のなかに地理学を位置づけるのに没頭している。

1952

パリに生まれる

1971 - 1975

カシャン〔パリ南郊〕の高等師範学校（エコール・ノルマル）の学生

1974

教授資格試験（アグレガシオン）

1975

『時空（*EspacesTemps*）』の共同創始

1984 - 1993

CNRS（国立科学研究センター）の研究者

1993

博士論文口頭試問

1992から

パリ政治学院（シアンスポ）の教授

1993から

ヴィルユーロップの研究ネットワーク長

1993 - 2004

ランス大学の人文地理学の教授

2004から

ローザンヌ州立政治技術大学の専任教授

きっかけ（vocation）

「vocation」という概念自体[1]について言うことはたくさんあります。ラテン語のvocatioから来た語で、神の元からの召喚を意味します。私は誰かが私をとくに〔地理学者になるように〕呼んだとは思いません！

それはさておき、私の父は多分影響力を行使しました。彼は自分が地理学者になりたかったのです。しかし状況―第二次世界大戦―が別のことをするように決定づけました。彼はサン＝クルー〔パリ西郊〕の高等師範学校《エコール・ノルマル》に登録しました。ユダヤ人になされた禁止を逃れ、受け入れられるために別の名前で。リュシアン・ガションが先生でした。非常に農村主義的な地理学者で、父にオーヴェルニュの火山について教えました。父は自分を地理学好きにしたものとしてそのことについて話してくれました。1945年、レジスタンスを終えた彼は学業を最終的にあきらめてジャーナリズムに身をささげる決意をしました。

私の両親はそのうえ、旅行好きになることを私に叩き込みました。彼らと一緒に、私はヴァカンスにヨーロッパを巡りました。最初の外国滞在については細かいことまでよく覚えています。イタリアで、6歳の時でした。そののちに、共産主義世界の国を訪れました。1969年にソ連、1971年

1　本書で「きっかけ」と訳している部分は原書ではvocationとなっている。好み、性向、適性、使命、天職などの意味をもつ語で、ここで各人が地理学への好みや関心をどのようにもつようになったかが語られている。レヴィはその語の神学的な意味を交えて応えている。

にキューバ、1972年にアルジェリアとモンゴル…。私はこの境界を超えるという経験がとくに好きでした。そして私はこの同じ楽しみを、ローザンヌの連邦理工科学校に加わってからというもの、フランス＝スイス国境を超えるときにいつも感じます。違いを生み出す細かいところを観察するのは面白いです。

ある歴史の先生、私が中学4年生《トロワズィエーム》と高校1年生《スゴンド》の時に習った人ですが、彼も私に大きな影響を与えました。彼はフランス革命の歴史をとくに教えてくれました。1793年から94年の公安委員会の構成なんて勉強することないでしょう！　彼はまた地理学の授業をもっていました。とくに…火山、私がまだ記憶にある自然地理学の唯一のことです。こうして私は歴史・地理の先生になりたいと思いました。

しかし、高校の最後には、私はとくに映画人になりたいと思っていました。翻ってみるなら、私はそれが地理学の本当の代替物になるとみなしていたのです。家系の皮肉ですが、私の娘はこれから映画の世界で働きます。私はこの情熱は両親によるものだと思います。彼らは私を難しいと評される映画を見に連れて行ったものです。ゴダールやフェリーニやアントニオーニなど。私は1965年に『気狂いピエロ』を見た出口で私たちがした議論を覚えています。私は12歳でした。この映画は、ブレヒトが劇場に持ち込んだ変化と同じことを映画の世界で具現化したのです。それは物語の直線性をひっくり返しました。前のシーンから次のシーンを予測できなかったのです。それは作成の条件をすべて問いながら展開するという意味で省察的な映画です。少なくとも私はのちにこんな風にそれを説明づけることにしました。結局、それは私が研究者として自分を位置づける姿勢です。私は、生産される条件を考慮しながら知を生産することを止めません。今日、私は都市について考察を深めるときに、ためらいなく映画館に自分の考察点を置きます。

学生時代

地理学者になるという考えは最終的にアンリ4世高校の準備学級〔第2章注1参照〕で固まりました。私は自分にあまり問いかけることなく平凡な行程に従いました。歴史・地理学の教授になるには、高等師範学校《エコール・ノルマル》に入って、教授資格《アグレガシオン》をとるのが一番いいといわれていました。準備学級では、ジャン＝ピエール・アゼマ（歴史の先生）が、私たちにまず歴史学者になるか地理学者になるかを決めるのに困ることはないだろうと言いました。実際、私はすぐに地理学者だと感じました。地理学者はより現代世界に結びついていると思ったのです。少なくとも、私が信じたかったのはそういうことでした。なぜなら、結局、歴史もやはり現代世界を扱ったからです。しかし、歴史学者は私をイラつかせる号令をもっていたし、今もしばしば使います。「断定しないように！」と。気づかないうちに、私は彼らの理論アレルギーのようなものを暴いていたのです。とくに現代史家にその傾向が強くあります。

しかし、教えられているような地理学のほうも理論的とはいえないし、技術や産業にかかわる問題を除けば現代世界に向いているともいえませんでした。それはまだ政治に不向きな地理学でしたし、結果として現実の重要な争点には興味を示さないものでした。加えて、私は地質断面図を学ばねばなりませんでした。私はデッサンが本当に下手なんですよ。

自分を完全に地理学者だと思うにはカシャンの高等師範学校《エコール・ノルマル》に入るまで待たねばなりませんでした。そして、逆説的にも、それは教育のお粗末な知的レベルのためでした。確かに、相対化される必要があります。学生というものは、〔勉強している最中の人という〕定義から言って、教えられることに愕然とさせられるものだからです。しかし率直に言って、たいして程度は高くなかったです。

私がそんな風に批判精神に傾きがちだったのは、別の知的形成をしていたからです。マルクス主義です。これに私は活動家として参加することを通じてたどり着きました。私は高校生の頃、「新しい大学（共産党が作った人民大学）」という枠組みのなかで行われていた夜の講義に出席していました。哲学のほかに、私は高校では教えられていない学問分野に出会いました。社会学、経済学、人類学、政治学など。私はそんな風に大学での地理学教育を批判するように前から位置づけられていたので、地理学は「境界領域の科学」とか、「統合の科学」とされていましたが、その概念化や認識論的な手法がないままだと感じました。

論理的には私が分野を変えるべきだということです。私はそうしませんでしたし、それは悪い理由からでした。まずは怠惰によります。私はそれでも地理学で学士をとっていましたから。それから、私は地理学の弱点を突き止めることが面白いと思いました。クリスチャン・グラタルー、私の高等師範学校《エコール・ノルマル》での同窓生ですが、彼との議論は大きな役割を果たしました。地理学にとどまって、でも再建する目的を持つ方がよいと考えたのです。歴史地理学部門の真ん中で、雑誌を作るという考えはすぐに出てきました。それが『時空（*EspacesTemps*）』になるのです。

地理学への貢献

『時空（*EspacesTemps*）』誌の創刊

創刊号は1975年にできました。そこには今までとは異なる地理学のために火の手をあげるような論文を集めていました。私が最初の論文「科学的な地理学のために」を発表したのはこの機会でした。刊行物を作ることは私には乗り越えがたいことには思えませんでした。私の父はジャーナリストでしたし、彼は印刷の型に合わせるための紙をたくさん家に持ち帰っていました。ときどき、彼は私をかまうために、自分の仕事に私を巻き込んだものでした。『時空』、のちの時空ネット（EspacesTemps.net）のなかで、私は常に技術的な側面に関心をもっていました。

「運よく」、私たちはすぐに…高等師範学校《エコール・ノルマル》から検閲されました。第2号は、当時この学問分野の生きる記念物になっていたピエール・ジョルジュ〔第1章注3参照〕の『地理学事典』を批判する論文を載せていました。学科の責任者が、起こりうる反論を心配して、関係者に論文をあらかじめ見せることを選び、その関係者が学校を訴えると脅したので、この号は学校の執行部に留保されてしまいました。最終的に、私たちは学校と妥協線を見出しました。雑誌は独立したものとして、実質的にはひそかな支援を得ると。この事件のおかげで『時空』は知られるようになり、すぐに「ある思想潮流」の媒体として認識されるようになりました。

この創刊は認識論的な見直しの計画についての沸き立つ思いに対応していて、クロード・ラフェスタンやジャン＝ベルナール・ラシーヌ、アントワーヌ・バイイの周りの「スイス学派」の到来とつながっていて、英語圏の計量地理学や哲学に開かれています。構図としては、地理学は保守派と現代派に分かれているように見えました。しかし、後者は同一の派閥を形成するところには程遠いところにいました。大部分は実証主義者とみなすことができました。少し素朴に現実と理論モデルの間の透明性を信じているという意味で、そして数学や物理学に頼ろうとしているという意味で。それらもまた、他の社会科学との関係における地理学の位置取りという意味では非常にあいまいなものでした。

『時空』を通じて、私たちは一線を越えました。私たちにとって、地理学は確実に社会の空間的次元の科学であるべきだったのです。私たちはそれ自体が法則をもつような空間、社会自体の外にある空間という考えに抗議したのです。

政治的なものを考慮に入れる地理学

ヴィダル・ド・ラ・ブラーシュ〔「はじめに」参照〕を引き継いだ地理学は、空間の政治的駆け引きに無関心な傾向がありました。アンドレ・シーグフリード[3]やジャン・ゴットマン[4]のような、政治性に関心を寄せる地理学者は周縁化されました。なぜ政治的なものが地理学の死角となったのか、私が博

2 スイスの地理学者。日本語訳に「景観と領域性」「領域性：社会地理学の概念あるいはパラダイム？」『空間・社会・地理思想1』（遠城明雄訳、1996年、52－60頁、61－67頁）、「地理学と社会（『地政学と歴史』の第1章）」『空間・社会・地理思想6』（遠城明雄訳、2001年、130－141頁）、「歓待を再発明する」『空間・社会・地理思想10』（遠城明雄訳、2006年、119－126頁）。

士論文で理解しようとしたテーマはそれで、地理学と政治学の関係について自分で書いてきたものを集めました。驚いたことに、20年近くにわたって関係がないように見せながら、政治と地理には本当に連続性があったのです。たとえば、すぐに私は政治地理学と地政学を区別しました。国家間の競争は政治の空間で起きている現象、例えば選挙のようなものの性質とは異なるロジックに対応します。エティエンヌ・ダルマッソ、[5] 彼の死去後にはオリヴィエ・ドルフュス〔第4章注5参照〕の指導を受けた、この博士論文から、「適法空間」と「一人《エゴ》称地理学」（これは私の業績に再度出てきます）という考えが出てきました。

世代的な要素は政治地理学を好む選択に大きな影響を与えています。1968年5月〔第2章注3参照〕です。この期間、私はソルボンヌに通い、総会を支援しました。私の高校では政治参加は珍しいことでしたが、それは私のような青年には印象深いものでした。おそらく私は、（スイスに住んでからより感じるようになった）非常にフランス的な論争好きに気づいたのはそこでです。あるスローガンが印象に残っています。「すべてが政治的である。」その考えは私の気に入らないものではありませんでしたが、社会的な世界を政治的なものに縮減するということは私にはすぐに間違いだと思えました。

3　フランスの地理学者・歴史学者。訳書に『ユダヤの民と宗教』（鈴木一郎訳、岩波書店、1967年）など。

4　フランスの地理学者。訳書に『メガロポリス』（木内信蔵・石水照雄訳、鹿島出版会、1967年）、『メガロポリスを超えて』（宮川泰夫訳、鹿島出版会、1993年）など。

5　フランスの地理学者。日本語訳に「パリ国際大学都市―大学都市建設の一例として」『日仏文化』47、手塚章訳、1986年、80―89頁。

私は別の次元―経済や社会学―が重要であり、特に関心を呼ぶ必要があるという直感を持ちました。一つの説明原則を求めるというのは幻想です。

都市におけるひとりの地理学者

この対象への私の関心は、都市民としての私のアイデンティティと直接的につながっています。私の両親は、私が生まれた時サン＝トゥアン〔パリ北郊〕に住んでおり、スタンのHLM〔適正家賃住宅〕に住む可能性もありました。ただ、高校がなかったのです。そのために、彼らはフォントネー・オ・ローズの私の母方の祖母が手に入れた家に落ち着いたのです。私はこうしてソー〔パリ南西〕のラカナル高校で勉強することができました。

それでも、私はパリに頻繁に行きました。とくに映画館に行くためで、当時リュクサンブール駅が終点だったソー線（現在のRER〔パリと近郊を結ぶ鉄道〕のB線）を利用していました。賑やかな通り、店など、毎回素晴らしい体験でした。そうできるようになってすぐに、私はパリに住んで、そこでは私はいつも居心地よく感じていました。ユートピアが「ハビトゥス」[6]になったのです。それで、私は都市を地理学的な研究の対象として理解するのでは満足できませんでした。私はモビリティの問題にも関心があったのです。すでに、私の修士論文はRER線についてのものでした。最終的に、私は映画（ヴィム・ヴェンダースの映画やアラン・タネの作品『白い都市の中で』など）、またペレックと彼の『空

6 態度や習慣などを意味するラテン語。

メトリック〔計測、距離〕―視点の問題

離れているものを表現する人はすぐにメートルやキロメートルについて考える。しかし、距離を測る方法はほかにもあり、たとえば、時間や、大都市ネットワークなら駅数がある。レヴィは、メトリックという概念で、この計測のヴァラエティを考慮に入れることを提案し、さらに距離の管理の方法を提案している。

「もともとは、この語（メトリック）は詩の世界から来ていて、次に幾何学に落ち着いて、距離のカテゴリーの一つを表すようになりました。地理学では、問題は、含意している現実につれて、可能な限り多様な距離があるという考えを提示することでした。我々地理学者が、数学における幾何学と位相学との間の伝統的な対立を承認する理由は全くありませんでした。全く逆に、領域（つまりは古典的な地理学が特権的であった）とネットワーク（今日の空間性において重要な役割を認識され始めた）を同じ土俵に位置づけることが必要でした。そこから比較しうる空間の類型を作り、それらを秩序づける距離の種類で見分けるのです。そこから、ほかでは同一のすべてのもの、メトリック、つまり同じ論理を持つ距離に関係する一つのグループが、空間をちがったものにさせるという考えができました。

現実的なものから離れる新しい方法ができた時から、ひとは研究対象を別のかたちで見ることができるようになるにもかかわらず、その手法は構築されていませんでした。こういうわけで、メトリックという概念は私にとって批判的な省察を始めたり、カルトグラフィーの新しい提案をしたりするのに非常に有効でした。」

間という奴』を通じて都市に戻ってきました。

1982年に私は都市についての最初の論文を書きました（公刊されたのは1983年です）。タイトルは「都市の地理学のコンセプトに向けて」です。これはまた私がマルクス主義から離れた最初の論文です。都市にかかわることは、地理学者によって放置されている（ポール・クラヴァルは除きます、彼はこの分野の開拓者です）フィールドを注視するという私の意志にかかわっています。都市ネットワークという観点からのアプローチは都市を点に縮減します。そして都市内の空間は社会学的な問題だとみなされてしまうのです。

社会としての世界

私は1989年にパリ政治学院《シアンスポ》につくられた「現代世界の分割の大きなライン」という講義の機会をもらいました。マリー＝フランソワーズ・デュランとドニ・ルタイエと一緒に、私たちはこの講義のために「教養のかたち」を提案しようとし、『世界＝空間とシステム』にまとめました。私たちは世界は統一されたシステムであるというよりも、複数のシステムの総体なのだという仮説を提示しました。複数の論理が働いていて、それらは分析の必要のために切り離すことができますが、現実にはそれぞれが相互作用していました。それらは読みの四つの格子に対応しています。人類学的（文化分野を中心とする）、地政学的（国際関係の分析を中心とする）、経済的（取引を中心とする）、社会的（政治的なことを中心とする）格子の四つです。

そこから、「社会＝世界」という考えが出てきました。経済＝世界の概念から来たものです。経済

＝世界が総体において世界の経済になり、ブローデル〔第9章注2参照〕のパースペクティヴのように、世界の部分の集合ではないのと同時に、世界的なスケールでの社会の形があるのです。1989年から91年、私たちはベルリンの壁が崩壊したところにいました。一つの社会として考えられる世界の発現を期待するのは正当に思えました。それから、社会＝世界の問題系は一般向けに書いた『都市のための世界』の構想につながりました。

社会＝世界の考えは、外国語の実践や外国旅行といった、私自身の経験をもちろん反映していましたが、それは一貫していると同時に、私の考えではどんどん当てはまっていく仮説でした。今日、私には実際に世界が一つの場所として機能する、また複数の場所の総体としてのみ、より機能するという感覚があります。それが私が『世界の発明』のなかで共著者と展開した理論です。場所は異なっていても、同じ問題に向き合っている。大都市ではとくにそうです。都市同士は似ていませんが、すべて多かれ少なかれ同じ問題にぶち当たっています。そこから、自分がいるどの都市にいても自分の家のようだという都市民の感覚が出てくるのです。

ヨーロッパとそのアイデンティティ

ヨーロッパのアイデンティティを私が感じた最初は、アメリカ合衆国を訪れた時でした。それは1980年で、私は27歳でした。90年代の初めですが、グラタルー、ルタイエと私がヨーロッパについてパリ政治学院《シアンスポ》で講義をするという提案に従って、私はそれを研究対象にしていました。私はヨーロッパは逆説的にも世界よりも複雑だと気づかざるを得ませんでした。これについては、ドルフュスは正しかったのです。ものが大きくないからといって、理解するのがより易しいというわけではないのです。それは緊張状態でしか意味がないもので、ヨーロッパ・アイデンティティの古典的な定義はほとんど通用しないようなものでした。自然化する見方、「大西洋からウラル山脈までのヨーロッパ」のような種類の見方でいっぱいになっていて、それは脱構築する必要がありました。ヨーロッパの定義を見直すとき、それがいつも存在していたわけではないことを思い起こすことは重要に思えました。その境界は争われたもので、与えられたものではありません。また知的な挑戦は、旧大陸という哲学的見方、そこではヨーロッパはギリシャの「奇跡」から始まる奇跡的な歴史によって生まれたとされている、その見方と戦うものでもありました。実際のところ、古代ギリシャの時代、ヨーロッパは存在しませんでした。そしてこのギリシャは、ヨーロッパの現実が出現する前に消え去ったのです。

1997年に出版された本でより展開した私のテーゼは、ヨーロッパはアジアのステップ地帯の帝国に向き合う農村文明によって何世紀もの間に果たされた羽根布団の役割のおかげで生まれたというものです。

影響を受けた人

私は、自分が興味をもったテーマはすべて、フランスの古典的な地理学によってひどい扱いを受けたか、そうでなくてもあまり扱われてこなかったものだとあとから気づきました。認識論、政治地理学、都市、ヨーロッパと世界など。学問のロジックに反する投資のロジックがあります。そこでは、キャリアを成功させるには、譲り受けたものを利用して誰かが整地してくれたフィールドのあとをたどる方が正統性を勝ち取るためによいというものです。実際、無意識でしたが、私はいつも先生を持つことを拒否していました。私は自分をもう一つの知的世界の構築にほかの人たちと携わる参加者だと考えていました。なので私は伝統を主張したりはしませんでした。私の研究と社会関係から、認められるのに問題はありませんでした。最後に、政治参加をしていたので、それが表すことは少数者でいることだと知っていました。この立場は私にとっては問題ではありませんでした。

翻ってみるなら、私はある分野から（社会の変革）、別の分野へ（地理学の刷新）、戦う姿勢をずらしてきたと気づきました。この意味でマルクス主義は過渡的な対象でした。私は地理学をイデオロギー的な参加への奉仕に動員しようとしたのではなく、政治的なものを扱う際になぜ地理学が袋小路に入ったのかを理解し、地理学でそれを扱えるように理論的な基礎を構築しようとしていたのです。すぐに、私は学問的姿勢と政治的姿勢を見分けることを知りました。私にとっては、研究は情熱のものであって、もし論争があるなら、思想によるものです。しかし私は研究者のなかには、モチベーションが別のところにある、たとえばキャリア重視の人もいることを知りました。

確かに私にとって重要な著者もいますが、結局地理学者はほとんどいませんでした。信頼する人のなかには、学部のころから知っているドルフュスがいます。彼は以前はそれほど大きな印象を与えませんでした。彼は私たちにヴィダル・ド・ラ・ブラーシュを読み直すように言う習性がありました！私は20年もたってから彼と再会しました。ダルマッソが亡くなった後、私の博士論文の指導の続きをしてくれたのは彼でした。それから、私が『世界＝空間とシステム』を共同で書いているちょうど同じときに、彼は「システム＝世界」についての彼の主な論考を出版しました。それに続いて、彼は私に自分がミシェル・ボーとかかわっているゲンデフのグループに入るように勧めてくれました。

私の世代の地理学者では、もちろんグラタルー（私たちは長いこと共通の歴史を刻んできましたし、それは今にも続いています。彼の歴史地理学はとくに私のヨーロッパの分析に直接影響を与えています）、ルタイエ（彼と一緒にする理論的な対話がきわめて豊かであったし、あり続けています）、ジャン＝フランソワ・スタザク（とくにステレオタイプをまじめに扱うという立場によって、そして地理学的表象の分析における自己実現的予言の理論の導入によって）、そしてもちろんミシェル・リュソー（彼とは私はすべての大きな選択を共有しています。アクターに与えられた場所、社会科学における地理学の定着、構築主義／相対主義の対話）を加えます。私は『時空』、時空ネット（EspacesTemps.net）のチームのメンバーに強く影響さ

『見えない都市』※ イタロ・カルヴィーノ

私はこれに80年代半ば、ずいぶん経ってから出会いました。1974年の出版からついての省察を始めた直後でした。それは都市についての省察を始めた直後でした。『見えない都市』は、すぐには面白いと思わなかったのですが、のちに私は都市地理学の最も優れた本とみなすほど興味を惹かれました。文体は小説としては奇妙です。一度ならず、その繰り返しの構造にうんざりさせられました。それはどこかよそに存在するだろうコンセプトの描写をしただけではありません。それは一つの都市のなかで多かれ少なかれ互いに結び付けられている空間の層の存在に関する、たくさんの理論的な直観でできています。あるいは記憶が都市の多様性の本質的な要素であるという事実についての理論的直観でもあります。ベルリンという一つの都市が、継続的な破壊と再建から、恒常的な記憶の喪失に苦しんでいる状況だとみることで、私はようやく理解しました。私が時間性のテーマ群を結び付けた問題です。過ぎた時代が一瞬現前する―古い石などの目に見えるもののなかだけでなく、思い出、都市を活かす方法のなかで、ひとがその過去を知っていることや、存

れています。彼らは私に別のものを、そして遠くを見ることを助けてくれました。

私が興味をもって、研究において成果を負っていた同時代の偉大な著作家たちがいます。たとえば、ミシェル・フーコー、ミシェル・ド・セルトー、ノルベルト・エリアス、フェルナン・ブローデル、ジル・ドゥルーズです。彼らと会う機会を捕まえられなかったことは残念で、あとから彼らの著作の重要性を知ったこともありました。おそらく、知のフィールドの細分化の犠牲でしょう。私はアンリ・ルフェーヴルは知っていますが、もう彼が都市に興味をもってからでした。もし私が誰かに助言できるなら、同時代人にかかわることをためらわないということです。もし本が気に入って、著者が生きているなら、コンタクトをとることをためらってはいけません。あなたが著作に非常に強く影響されたなら、著者はそれを知ることを喜ぶはずです。

在の様式にまで浸みこんだもののなかで、現前するのです。それは、空間がいつも物質的なのではないということを理解しない建築家との対話に役立ちました。一つの都市の統一を作るのは、非物質的なものでもあり、観念上のものでもあるのです。マンハッタンでは、この地区のアイデンティティをなすものは、通りの構造、碁盤の目です。すべてのものを入れ替えても、マンハッタンはマンハッタンです。人が頭に、記憶にもっているものの、伝えるものは、一つの都市のアイデンティティにおいては建てられたものより決定的です。カルヴィーノはそれをうまくつかみました。なので、ある都市のアイデンティティをとくに強化するのは、歴史遺産の建築的構造物を守ることによるのではないのです。ベルリンでは、たくさんの地区や建物が昔と同じように再建されました。しかしそれでは十分ではないのです。

〔※訳書、米川良夫訳、河出書房新社、2003年〕

現在の地理学をどうみるか

地理学は新しい概念を生み出せるとわかっています。『地理学と諸社会の空間の事典』[7]で我々はその考えを示して、地理学に他の社会科学との関係で、何が持ち込まれ、何を送り出したのか、ある意味、収支決算を行っています。地理学者は市場に刷新的な製品を供給することができます。効果的に受容されるように気を使えばよいのです。社会科学の研究者は時には地理学的な概念（空間やモビリティなど）を語の本来の意味に興味を持たずに暗示的なたとえの意味で使う傾向があります。

他の学問分野に開くことは、『事典』が示しているように、たくさんの基本的な概念が地理学と他の社会科学において共通であると示すためにも不可欠でもあります。これらの学問分野は一つのかたまりを形成していますが、お互いに不十分にしか情報交換していません。社会科学のユーロ圏のようなものが必要です。他の学問（数学、生活科学、物質の科学など）との対話や他の知の形、超科学や非科学はそこから便益を受けるでしょう。

私ははじめから地理学を社会科学に組み込まなくてはならないと考えていました。私は学問分野をまたぐ研究《インターディシプリン》というものを次の学問分野の形《ポスト・ディシプリナリテ》ほど信じていません。まず、知の世界には可能な切れ目があります。学問分野をその下の区分けや学問分野をまたぐ研究《インターディシプリン》と見分ける連邦制のようなものを想像

7　一つの項目を複数の著者が書くなど、画期的な方針で編まれた地理学事典。最後の項目はzut!（しまった！）であり、「基礎的な用語への導入を書くことを忘れたことに気付いた際に事典の著者たちが発する間投詞」との説明がついている。Lévy, J., Lusseau, M. (dir.), *Dictionnaire de la géographie et de l'espace des sociétés*, Belin, 2003.

してみます。それは国民と地域、ローカルな領域を見分けるようなものです。ただしそこに対象の周りで、たとえば都市のように、横断する切れ目を加えなければなりません。それは別の地平を持った研究者はもちろん、都市の科学の周囲で学問の世界に属していないアクターとの間の協力にも、もってこいです。私はPUCA（建造建築都市計画）やRATP（パリ交通公団）との協力関係を通じてそれに気づきました。

私の優先順位は、それでも、基礎研究における知見を生み出すことです。大学の地理学者のなかには、私の研究は何よりあまりに理論的なので、とっつきにくく、さらには理解できないと言いたがる人たちもいます。しかし、それは私が専門家たちからますます頼りにされることを妨げはしないのです。私は、私がいるのがどの学問分野であるのか知ることを馬鹿にしている実践家たちと仕事をしています。彼らは、彼らの行動を理解し、改善するのを助けるために私が提案するものに関心があるのです。私が彼らに提案する理論的な行程の類は、彼らには都合の良いもののようです。私自身にとっては一般的な原則をなす発見がありました。社会科学においては、理論的な研究と応用研究の間の道は短いのです。基礎研究の物理学者は技術者に助言しようとはしないでしょうが、地理学者と都市計画家は非常に簡単に意見交換ができます。

逆に、私の基礎研究は現場の人々とのかかわりで豊かになりました。たとえば、厚みと多様性を総合する私の都市性の定義は、都市行動の専門家たちから得られた、都市計画における近代建築運動への批判に直接的なヒントを得たものです。私は学問の世界に外からもたらされたものを統合するために、自分の理論的な兵器庫を変えることを強いられました。この現実の光があったので、私は次の学問分野の形《ポスト・ディシプリナリテ》という考えも思いつきました。

スタッフを採用する大学政治によって、フランスは地域性と過度の学問分野主義の両方に苦しんでいる数少ない国の一つであり続けています。この二重の細分化の論理は、周辺にいて専門家の集まりからはわからない研究者に苦難を与えるという意味で、害があることが見えています。この分野における変化を期待するしかありません。

ジャック・レヴィの主要著作

Géographies du politique, direction, Presses de Sciences Po/EspacesTemps, 1991.

Le Monde: espaces et systèmes, avec Marie-Françoise Durand et Denis Retaillé, Presses de Sciences Po/Dalloz, 1992 ; 2e édition 1993.

L'Espace légitime, Presses de la FNSP, 1994.

Égogéographie, L'Harmattan, 1995.

Le Monde pour cité, Hachette, 1996.

Le Tournant géographique, Belin, 1999.

Logiques de l'espace, esprit des lieux, Belin, 2000, co-dirigé avec M. Lussault.

From Geopolitics to Global Politics, ed., Frank Cass, Londres, 2001.

Dictionnaire de la géographie et de l'espace des sociétés, Belin, 2003, co-dirigé avec Michel Lussault.

Milton Santos, philosophe du mondial, citoyen du local, PPUR, Lausanne, 2007.

L'Invention du monde, Presses de Sciences Po, 2007, en collaboration avec plusieurs auteurs.

〔その他の日本語訳〕

「新しい地理学の誕生―フランスにおける」（大内和子訳）『10＋1』12、1998年、178―190頁

11

ジャン＝フランソワ・スタザク

Jean-François Staszak

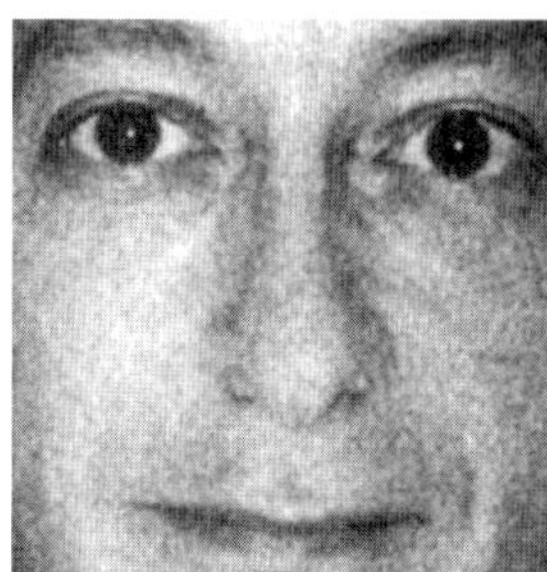

彼は、その他の社会人文科学と英語圏の地理学に開かれた地理学者の若い世代を体現している。動物園と自己実現的予言を経由しながら、ヒポクラテスとアリストテレスの時代の気候論からゴーギャンの地理的想像界（imaginaire）まで、彼の研究テーマはポストモダン地理学に貢献している。

1965

ナンシーに生まれる

1985 - 1989

高等師範学校（エコール・ノルマル）
フォントネー／サン＝クルー校学生

1993

博士論文の口頭試問

1993 - 2002

ピカルディー大学（ジュール・ヴェルヌ）准教授

1997 - 2002

フランス大学学院メンバー

1998

教授資格試験（アグレガシオン）

2002 - 2007

パリ第Ｉ大学（パンテオン・ソルボンヌ）准教授

2007

ジュネーブ大学の代用（suppléant）教授

きっかけ

なぜ私が地理学者になったのか？　この質問への答えとして、地理学者たちは、彼らが必ずしも地理学者になりたくはなかった、それは偶然の産物だ、などという傾向があります。おそらくそれは、真実の一部でしょう。しかし、おそらくそれは、劣等コンプレックスの兆候でもあります。地理学は長らく廃れた学問と思われてきました。だから、地理学者への召命（vocation）を前面に出して得られるものは何もないのです！　少なくともこれが仮説です。

私としては、地理学者への召命が決してなかったとは思いません。できのよい生徒だったのにもかかわらず、私は若干、最小の努力を支持する功利主義者でもありました。地理学の教授資格試験《アグレガシオン》は、聞くところでは、歴史学の教授資格試験《アグレガシオン》よりも簡単でした。というのも、この学問が人気を集めるのにちょうど苦労していたからです。かくして、私は地理学の教授資格試験《アグレガシオン》を選択したのです。

しかしながら、それとは別のことも重要でした。私の旅行趣味です。私にとって、地理学がどんな他の学問分野よりもこの趣味を満足させてくれることは明らかでした。最後に、自然地理学への関心がありました。その当時、準備学級〔第2章注1参照〕で自然地理学の勉強をいっぱいしていました。とくに、地形断面の分析をする地形学についてです。地質図は最初理解不能に見えましたが、最小限の分析努力をすることで、新しい発見が見えてきました。ものごとが組織されるようにすべてを理解できるのです。私は科学分野で高校3年生《テルミナル》を過ごしました。私はしたがって、依然として科学的真実の存在という幻想を抱いていました。地形学の知識を習得したことで、友人と旅行をするときに目立つこともできました。褶曲や浸食などを説明できるからです。成功が保証されていました！　多くの敬意をもって人があなたを見るのです。

私は、小さい頃、大きな世界地図を自分のベッドの上にかけてほしいと頼んだ思い出があります。それは私を空想に耽らせてくれました。大陸ごとの動物の本をコレクションしていた思い出もあります。両親の仕事柄（私の母は自然科学の教師で、父は英語の教師でした）、私は科学と文学の間で常時悩んでいました。科学的であると同時に文学的な地理学の側面が私は気に入っていました。

私は、専門を決めかねていました。そのことはまた地理学に有利に働きました。地理学は、自然科学、物理化学、社会科学、人文科学を横断する学問に思われたからです。地理学の勉強に従事することで、私は、選択する必要がないと感じていました。

その後、地理学者として自分を規定することは何ら難しくありませんでした。私には優等生的なところがあったので、問題なく、この職業のゲームのルールをプレーできました。私は地理学者を自称するよう迫られたのでしょうか？　そういうことでもなく、私は地理学者を自称しました。それはさておき、私は前進するほどに、あるテーマが地理学的であるか否かを知るべく自問することに興味を覚えなくなりました。学生が私のところに講義後にやってきて、扱われているテーマが何の地理学に属しているのか尋ねに来ることもあります。長らく私は彼らを納得させることを名誉に感じていました。今では、もうそう考えていません。諸学問が一世紀以上前に確立された分割のやや偶発的な帰結だと、私は確信しています。それらが意味をもっていたとしても、私には、それはもはや今日的な事態ではないように見えます。確かに、私は地理学に携わっており、地理学の部局に属しており、地理学の雑誌で公刊しています。しかしだからといって、社会学者や人類学者とさほど変わらないように感じており、空間や領域というメガネで研究対象をとらえるとしても、私はただ独自の見方をしているということです。

学生時代

高等師範学校《エコール・ノルマル》フォントネー校／サン＝クルー校に入学すると、学生は基本的に地理学と歴史学の間で専門を選択せねばなりませんでした。私にはそうすることにためらいがあり、歴史学の学士課程で勉強しながら、地理学の学士課程に登録しました。続いて、私は理論に閉じ込もらないために空間整備の学士課程で学びました。それからは、道はすっかり決まっていました。修士、教授資格試験《アグレガシオン》、それから博士論文と、私は迷うことなくこの道をたどりました。

修士については、私は友人とともに赴く機会を得た、モーリタニアに関するテーマを選びました。ところが、唯一この国を研究したフランスの地理学者の一人が、パリ第Ⅳ大学教授のジャン＝ロベール・ピットでした。私はこの大学に登録しながら、それがヴィダルから受け継いだ古典的地理学と同時に新しい文化地理学に代表される開放性を体現しているのを知らずにいました（計量地理学はパリ第Ⅰ大学とパリ第Ⅶ大学で教えられていました）。

私の修士論文のテーマは、１９８０年代に首都のヌアクショットとネーマ間に作られた道路建設を扱うものでした。この国で唯一舗装された幹線道路です。なぜこの道路が建設され、そのインパクトはどのようなものだったかを研究することが重要でした。まず驚いたのが、交通量がほとんどないことでした。私は、この道路が大したことに役立っていない！　という明白な事実に屈せねばなりませんでした。少なくとも経済的な観点からはそうです。その利益は、事実、純粋に象徴的で政治的でした。これは私がインタビューを行うことができたこの国の元大統領が私に明言せざるを得ないことでした。「それで、あなたのおっしゃる王国道路ですが、それがなにがしかに役立っているとお考えですか？」と私に彼は尋ねたのです。ヌアクショット－ネーマ線のような道路は維持するのに高額な費用がかかりますが、ほとんど経済的な機能をもちません。しかしそれは、王国の結束を象徴的に保証するのです。私が記号が非常に重要であることを初めて理解したのは、まさにこの時でした。

私世代の地理学者にとっては第三世界が依然として重要な争点であっただけにいっそう、モーリタニアは私に強い印象を与えることとなりました。低開発国の状況を暴き、解決を探ることは、地理学のミッションであると、私は考えました。しかしながら、私はこの土地にいることにひどく居心地の悪さを認めざるを得ませんでした。一地理学者にとっては過剰だったのです！　私はツーリズムに関する研究プロジェクトのためにザンジバルでしたように、新しい試みをしました。むなしくも、私は、人々に会いに行くのをためらい、資料室の中に居心地のよさを強く覚えていました。私はまた自分が不当であると長らく感じており、それほどまでにこの土地の神話は地理的に意味深長でした。

修士の後に、私は教授資格試験《アグレガシオン》の準備をしました。この時には良い思い出がありません。それほど、その準備は詰め込み式の猛勉強となっていました。とくに、自然地理学、人文地理学、地誌学の分割の整合性を私は把握していませんでした。私はそれを簡単に取りましたが、意味のない訓練だと思っていました。とくに私には地理学の目的性が見えなくなっていました。このために、私は博士論文で認識論と科学史のテーマを選んだのです。

地理学への貢献

地理学の認識論と歴史

人は、隣の芝生は青いという印象を常に抱きます。私は、他の諸学の仲間と話をすることで、彼らがいくつかの同一の問いを自らに課しており、彼らの学問はいくつかの同一の認識論的議論を通じて営まれていることに気がつきました。

ともあれ、私はパリ第Ｉ大学に登録しました。理論的および認識論的分析のＤＥＡ〔高等研究免状〕を出す唯一の大学です。そこはパンシュメルによって指揮されていました。それは知的に開花した一年でした。私たちには、さまざまな領域の教員がいました。テレーズ・サンジュリアン、ドゥニーズ・ピュマン、レナ・サンデル、マリー・クレール・ロビク〔第7章注1参照〕などです。そこではじめて、私は、社会学、科学哲学、地理学史に触れました。パンシュメルの教育は、産婆術〔ソクラテスの問答法のこと〕の形式に属していました。議論に重きがおかれ、それに講義が加わりました。必ずしも地理学者によるものではありませんが地理学的なものを理解するのに役立つ、あらゆる種類の文献を読みました。ＤＥＡは二つの選択分野を含んでいました。一つが、空間分析、もう一つが科学史です。またしても常に専門化に抗い、私は二つ選択しました。

空間分析は私を熱中させました。私は当初それをさっぱり理解できませんでしたが、少し粘り強くすると、スイッチが入りました。それは計量的アプローチで、実際に科学をしている気になりました し、何より、それはフィールドワークを必要としませんでした！

それから、（新制の）博士論文の時期がやってきました。パンシュメルが定年で退官しましたので、私はポール・クラヴァルを選びました。私は並行して、クラヴァルの空間整備に関する修士向け講義を受講していました。私は、彼の著作のうちの一冊を読みましたが、おそらくそれが私にこれほどの影響を与えた地理学の最初の本です。それは、『都市の論理』です。ある小さなことで、彼とともに博士論文を作成することを確信することとなりました。私が彼のキャビネットに博士論文計画を提出すると、翌日、回答を得たのです！

私は、自身の学問的な整合性を理解するということと、フィールド研究を回避するという二重の配慮から、地理学史と地理学における科学哲学に関して博士論文を作成したいと思っていました。

私は当初、社会がその気候によって決定されるとする理論の歴史について、（紀元前5世紀の）ヒポクラテスの時代からモンテスキューを経て啓蒙の世紀まで、その起源を遡ることでたどることを問題としていました。自然地理学と人文地理学のつながりを作ることを私に許してくれるテーマでした。結局のところ、気候がミッシング・リンクでした。実際には、私がそれを超えて進まなかったギリシャ時代について多く語ることがありました。

気候理論のオルタナティブな理論が存在していました。私が博士論文の半分を割くこととなった大気現象の思想です。私はそれを一冊は気候理論、もう一冊は大気現象と、二分冊で刊行するつもりでした。しかし、一冊めのみが刊行されました。研究が引き出しの奥で眠ってしまうのは、この時だけではありません。うまくいかなかった企画を通して研究者たちを理解してはならないのかと、自問するほどなのです！

この時、とりわけポッパー、フーコー、クーンやファイヤアーベントを通して、科学哲学を発見する機会となりました。科学史の相対主義者的な、場合によっては批判的な見方へと転換したのもまたこの機会です。それまで私は物事に対してもっと実証主義的な考え方をしていました。あらゆるものが等価であると思うようになったわけではありません。私はただ、異なる観点を妥協させることの根本的な難しさというものがあると考えるのです。二つの世界観の間では、常に合意に到達できるわけではありません。

博士論文の口頭試問が終わるとすぐに、私はアミアン大学〔ピカルディー大学（ジュール＝ヴェルヌ）〕で准教授のポストを得ました。思い返すと、私は非常についていたことに気がつきます。というのも、こうした博士論文のテーマは評価されていなかったからです！

経済地理学の刷新

私が今後どのようなテーマについて研究していくのかが残された問題でした。博士論文を終えて、私はギリシャ人のことはもう嫌になってしまいました！　だから、私は別の対象を探したのです。この時期、経済地理学が私の関心を引きました。私は助手として、パリ第Ⅳ大学で（都市地理学と同じく）経済地理学を教えました。私は、ある出版社によって経済地理学をやる気になりました。その出版社は、ポール・クラヴァルのアドバイスに従って、一人の同僚、イザベル・ジェノー・ドゥラマルリエールと一緒に新しい教科書を共同執筆することを私に依頼したのです（1976年に出版された最新版は、まさにクラヴァルの教科書でした）。その教科書の作成には7年を要しました。私たちは、空間分析の成果と異端派経済学の寄与を同時に取り込みながら、他の諸学（社会学と経済人類学）に開かれた経済地理学という立場をとりました。

他方で、私はアメリカ合衆国に目を向けていました。1990年代末に、私は、本当に驚かされたのですが、デトロイト市を見つけ出しました。デトロイト市は経済危機によって荒廃していました。私は、都市のセグリゲーションと都市危機の原因について研究したかったのです。デトロイトのこの研究がきっかけとなり、私は、英語圏の地理学と、パンシュメルを通じて耳にしていた、とくにポストモダン地理学に注力しました。私は、アメリカの大学図書館では自由に書棚にアクセスでき、それが多くのことを変えることを発見しました！　そのことが、地理学の棚以外での採餌を促すのです。

そうこうするうちに、私はフランス大学学院メンバーに任命されました。それによって、私は講義負担の3分の2を免除され、かなりの研究予算を使用することができるようになりました。このために、私はフランスとアメリカの往復費を賄うことができたのです。私は、ポストモダン地理学に関する書誌学的研究を企てました。ポストモダン地理学は、デトロイトで生み出されているものを理解させてくれましたし、とりわけ、それがマイノリティ、表象、言説に与えていた重要性を考慮してのことです。

私のデトロイトへの関心にもかかわらず、この都市は難しいフィールドであることが明らかとなりました。私は、中心市街地にあり、荒廃した大学キャンパスに宿泊していました。マジョリティが黒人人口というなかでの白人一人という存在は、場違いなものと受け取られたのです。私は、ある日、こう言われたことを覚えています。「しかしなんだって、こんなことを自分に課すんだ？　自分が正統ではないと感じる土地でまたしても、君のお仲間からこんなにも遠く離れて、何を証明したいんだ？」。それは、雪の降る寒い朝でした。私は虚しく車を発進させようとしているところでした。その瞬間、私は、その地理的特性についてこれ以上問いを立てることなく、楽しみをもたらしてくれるテーマを研究しようと決めたのです。

ゴーギャン、想像界（imaginaire）の地理学

ところが、かくして私が楽しみを覚えていたのは、ゴーギャンの絵と動物公園だったのです！　IUF（フランス大学協会）によって給付された予算と自由によって、私は、それに没頭することができました。私は4年を自由に使えました。二つめのテーマは論文にしかなりませんでしたが、一つめのテーマは一冊の本へと到達しました。これについては、2003年、この画家の没後100周年を機に書籍の出版を望んでいた出版社が私を支援してくれました。

当初、私は、地理学を気にかけることなく、ゴーギャンその人自身について研究したいと思っていました。私は、それでも、この画家が世界の果て、タヒチまで行いに赴いたものを理解したかったのです。今日と同じ輸送手段を利用できないこの19世紀に常識はずれの旅行への偏愛ですが、私は、彼がブルターニュの他、ペルー、デンマーク、パナマ、マルティニックへと赴いたことを発見しました。

自己実現的予言の理論

アメリカの社会学者であるロバート・K・マートン（1910-2003）によって形式化されたこの理論によると、ある言表 énoncé は、その実現の諸条件をまさにその言表行為 énonciation によって創造しうる。この理論は、とりわけ（価値の変動がオペレーターの予期から説明されうるような）証券相場の分析において、複数の応用例を見つけてきた。スタザクは、経済地理学や都市地理学にそれを応用することに専心した。とりわけ、デトロイト市で生じるセグリゲーションの現象を説明するためである（中心市街地の荒廃に関する予期が次のような購買行動を誘発する。すなわちそれは、購買行動が土地価格の変化に影響を及ぼすことで、貧しく周辺化された人々を引き寄せることで、最終的には予言された現象を引き起こす、というものである）。

「私は1996年から1997年に彼の研究を見つけました。こうやって、私は地理学におけるこの理論の適切さを確認しようとしたのです。自己実現的予言を探し始めると、それはいたるところに見出されるのです！　都市の危機を解釈する際には、経済地理学やツーリズムの地理学のなかに、あるいはゴーギャンの地理的想像界のなかにさえです。ゴーギャンの想像界は、その絵を通して現実を記述するどころか、これから我々が有する現実の表象を構築するのです。」

私はこうして、彼が頭の中にもっていた世界、あるいは換言すれば、彼の地理的想像界を再構成しようと試みました。結局、導きの糸として時間ではなく空間を用いながら、伝記を作ることが重要でした。自己実現的予言の理論という路線で、私たちが知覚しているような世界が、どのようにして画家の想像界に負っているのかを私は示しました。

ゴーギャンの絵画と彫刻に加えて、私は彼の手紙、数々の、彼の発表用の著述、彼が読んだ書籍、彼が訪問した展示会などについて研究しました。それらはすべて彼の内的宇宙を私に教えてくれるのであって、彼が親しんだ場所への移動が教えてくれるものよりも優れていると考えたのです。

そうすることで、私は同僚の地理学者たちに対して、想像界、イメージ、芸術、さらには、歴史家がそうするように、たった一人の個人について研究することができることを納得させたかったのです。私はこの二つめの意図が理解されなかったのではないかと心配しています。大変満足なのは、酷評されることを私が心配していた芸術史家に受容されたことです。

この研究は、複数の論文、（とりわけタヒチでの）シンポジウムでの報告、もう一つの書籍へとつながりました。それ以来、私は別のことへと移る必要を知りました。つまり、私はゴーギャンの絵を見るのがもう嫌になってしまったのです！　繰り返しているうちに、絵を見るには目が磨耗してしまったのです。つまり、彼の絵が私を感動させるのと同じくらい、今日では、私は覚めた視線をその上に投げかけるのです。

英語圏の地理学入門

ゴーギャンに関する研究と並行して、私は英語圏の地理学の成果物の読解を続けました。それらは、フランス人の同僚たちと一緒になってテーマ別に収集してきた、有名無名の現代の著者たちのテキストです。私はフランスの地理学者たちが彼らをどれほど無視してきたかを知って愕然としました。言語の障壁だけでは説明がつきません。おそらく、こうした関心の低さは、ブルデューやデリダといった地理学者以外の数多くの著述家たちに言及するが、これらのフランス人の著述家しか引用しない、ポストモダンの地理学者の性向からくるものです。フランスの地理学者たちは、空間的次元をもたないテーマは地理学的ではないと考える傾向があります。アメリカの地理学者たちというのは、あらゆる種類のテーマを拒むことなく、それらの地理的次元をはっきりと強調します。多くのうちの一例として、ジェンダーの問題があります。フランス人地理学者は、それは地理学ではないと考えるのに対し、アメリカの地理学者はその空間的争点だけではなく、どのようにしてジェンダーが空間を問いに付すのかを示すでしょう。結果として、近年まで、パリにあるマレのホモセクシュアル地区について研究するフランス人研究者は一人もいませんでした。それが30年近く前から存在しているにもかかわらずです。それは、最悪の場合、同性愛者嫌いやレッテルを貼られる恐怖へとつながりますし、良くても、共和国的普遍主義を口実とした共同体主義《コミュノタリスム》について研究することを拒否するくらいです。

私の言うことをよく理解してください。地理学にとって、他の社会・人文科学と同じテーマに取り組むことで消え去ることではなく、明らかに、地理学に固有な手法を用いて、論法としてはテーマの空間的次元によって異なる観点をもたらすことが重要です。ジェンダーの問題が社会学者によって取り組まれてきたことをいいことに、地理学者たちは、それは社会学のテーマだと考えることができました。その結果、わたしたちは長らく、都市計画家には有益であったであろう地理学的観点を欠いてきたのです。

影響を受けた人

私が最も影響を受けた地理学者は、クラヴァルです。彼は、私の博士論文の指導教員だったということに加えて、その開放性と精神の自由さによって私に多くを与えてくれました。学生たちや外国人の同僚を自宅に招くことがどれほど大切かを教えてくれたのも彼でした。といっても、私はクラヴァル派だとは思っていませんし、しかも、適切かつ単純な理由から、本来的にクラヴァル派理論について語るべきことはありません。クラヴァルとは、まずもってイデオロギー的に閉じこもることを拒む、知的な人物です。彼が私に強い影響を与えたのは、恐らくはそのためなのです。というのも私は、自身が一つの思考システムに組み込まれているとは思っていないからです。あなたにはおわかりのとおり、私はしばしば研究対象を変えてきました。したがってまた、私が歩んできたことすべてを、たった一人の同じ著者の航跡に組み込むことは困難です。たしかに、いくつかの著者と著作が私に恵みをもたらしてくれましたが、それは一つの明確な研究に際してのことです（たとえば、ゴーギャンに関する研究のときに、歴史家のアラン・コルバンが、一人の個人を研究することの利益に関する私の疑念をうまく解消してくれました）。

私が最も影響を受けてきた本は、地理学の著作もたまにありますが、むしろ科学哲学です。たとえば、フーコーやポッパーは、絶対的真理ではなく反駁可能性の原理に基づく、科学的言表の厳密な性質について目を開かせてくれました。私はそこから、重要なのは回答ではなく問題を定式化する方法であると結論を引き出しました。

それはさておき、私が研究をみならっている多くの地理学者たちがいます。たとえば、イメージの研究に関しては、カリフォルニア大学のデニス・E・コスグローヴです。社会科学における構築主義に関する考察では、ミシェル・リュソーがいます。ポストコロニアルの地理への貢献では、クリスティーヌ・シヴァロンです。社会地理学とネオマルクス主義地理学への貢献ではディ・メオがいます。私たちの研究が純粋な客観性でも純粋な主観性でもない、それら二つの間の緊張に属するのだとする通態化（tra-jection）の概念についてはオギュスタン・ベルクが挙げられます。歴史地理学に関してはクリスチャン・グラタルーが、そして社会科学との関連で地理学を刷新した研究としてジャック・レヴィがいます。

現在の地理学をどうみるか

私は地理学の状況は改善したと感じています。地

『エキゾチック・アドヴェンチャー』50年代

1950年代末アメリカの低級フィクションの表紙です。これは、大衆的な想像界において、どのようにして地理がセクシュアリティ、ジェンダー、人種の間の接合を説明可能にしているかを示しています。異郷（ここではアフリカ）は幻想の場所であり、エキゾチックという言葉はしたがって、エロチックと純粋に同義語です。こうした「野生」という未開性の告発は、白人男性で異性愛者の読者のサド・マゾヒスト的性癖を満足させていた構図のなかで、裸同然の女性を人前にさらすための口実にすぎません。その読者がこのピンナップ写真（読者の目を釘付けにする）のおきまりの成り行きに表向き憤慨したとすれば、それはむしろ加虐者の肌に（あるいは男根をかたどった蛇の肌に）向けられます。この図柄を理解するためには、家父長制的で異性愛規範的な植民地社会の枠組みにこれを位置づけなくてはなりません。そこでは、支配関係（とその再生産）は、空間と言説によって／において実行されています。この

理学は幸いにもフランスのアカデミックな環境のなかで承認され、メディア的にうまく普及しています。サン・ディエ・デ・ヴォージュでの地理学国際フェスティヴァルが、これに関わっています。まず、それは私たち自身からポジティブなイメージを発信しました。私たちは、つまるところ重要な人々であると認められたのです！ それから、それはあらゆる党派《シャペル》（教会）的精神から離れて、自治組織《ミュニシパリテ》（自治都市）によって企画されたイベントです。時間が経つにつれて、このフェスティヴァルは、イデオロギー的に対立していた地理学者たちが対話を回復することを可能にしました。

教授資格試験《アグレガシオン》の改革もまた良いことでした。それは、この試験《エプルーヴ》（試練）を、合格するか否かはともかくとして受験者にとって有益な、知的な試験《エグザマン》へと変えたのです。とにかく、２０００年代は新しい世代の到来にあたります。

しかしながら、『地理学と諸社会の空間の事典』〔第10章注7参照〕を通じたレヴィとリュソーの取り組みにもかかわらず、学問的な障壁が強固に残っていることは残念です。地理学者と他の社会科学の研究者たちとの関係は、依然として不十分です。さらに、フランスの地理学が、国際的な観点で後退することを危惧しています。私には、同僚たちが国際的なシンポジウムや会議への参加に多くの努力をしている印象がありません。アメリカの同僚たちが英語圏以外の地理学 géographies に多くの

種のイメージは、地理学におけるポストモダン、ポストコロニアル、クィア、フェミニストといったアプローチと、あわせてそれらが交差することの妥当性を証明しているのです。

興味を示してくれないことも認めなくてはなりません。

（イヴェット・ヴェレのような）いくつかの例外を除いて、地理学者たちは持続可能な開発について立ち遅れています。私が個人的に持続可能な開発の（私の見地では）信奉者なのではなくて、それが社会的コンフリクトといった他の争点をごまかしているのです。しかし、この概念をめぐる動員は、新たな場所に権力さもなければ意思決定を付与する機会でした。それは当然の結果として、研究のポストと信用を伴うものです。地理学者は、社会と自然のインターフェースに位置しているために、持続可能な開発について語るのに、それでも、有利な立場にいるのです。

ジャン＝フランソワ・スタザクの主要著作

Le Goudron dans la brousse. La route de l'Espoir (Mauritanie), Publication du département de géographie de Paris IV Sorbonne, 1989.
La Géographie d'avant la géographie. Le climat chez Hippocrate et Aristote, L'Harmattan, 1995.
Principes de géographie économique, avec Isabelle Géneau de Lamarlière, Bréal, 2000.
Géographies anglo-saxonnes. Tendances contemporaines (dir.), Belin, 2001.
Géographies de Gauguin, Bréal, 2003.
Gauguin voyageur. Du Férou aux îles Marquises, 2006,Solar/Géo.
Espaces domestiques. Construire, habiter, représenter, codirigé avec Béatrice Collignon, Bréal, 2004.

12

ヴァレリー・ジュレゾー

Valérie Gelézeau

韓国の専門家である彼女は、この国に地理学的な視角から取り組む最初の地理学者の一人である。CNRS（国立科学研究センター）の銅メダリストである彼女は、とくに韓国に建設された大団地群に関心をもち、この国の近代化にそれがどうかかわったのかを明らかにしている。我々の団地に特有の問題※を理解する鍵の欠落を満たさないということはない…。

※　フランスでは大都市郊外においてさまざまな社会問題が起こるのは高層団地という環境によるという見方がある。

1967

パリに生まれる

1988 - 1993

ユルム通り※の高等師範学校（エコール・ノルマル）の学生

1991

教授資格試験（アグレガシオン）

1999

博士論文口頭試問

1999 - 2007

マルヌ・ラ・ヴァレ大学の人文社会科学研究教育所
(unité de formation et de recherche) において准教授

2005

CNRS（国立科学研究センター）の銅メダル

2007

フランス大学協会のメンバー

2007～

EHESS（社会科学高等研究院）の准教授

※　パリの通りの名前だが、エリート校であるエコール・ノルマルのある通りとして知られており、しばしばその換喩として用いられる。

きっかけ

地理学の方を向くにあたって、子ども時代や家族の環境はとくに重要でした。それに気づいたのは後になってからでしたが。私は人生の最初の8年を外国で暮らしました。アルジェリア、ドイツ、そしてスイスです。私は、港の建設プロジェクトの運営の仕事でドイツの会社で働いていた技術者の父についてまわっていたのです。ドイツの学校で学び始め、小学3年生《CE2》の年にフランスに来ました。これほど頻繁に長く外国で暮らしたことは、自然に私の好奇心を掻き立てました。

そのうえ、私の両親は旅行好きでした。夏のヴァカンスは、キャンピング・カーでフランスの街道を泊まり歩いたものでした。アルジェリアの砂漠も何度か旅行しました。4歳の時に、フランスのビーチにいた時、こう思ったのを覚えています。「あ、ここは、砂のお城がうまくできる！」すでに地理学者の観察です！

そして、血筋としては、私たちはラ・ロシェルの出身でした。私の曾祖父はレ島の漁業者でした。私たちは彼からヨット好きを受け継ぎました。そのような別の旅の記憶もあります、海の旅です。

にもかかわらず、高校まで、地理学は私にはキャリアにおいて可能性のある選択肢としては出てきていませんでした。教育も研究もとくに私には関心はありませんでした。歴史地理の先生たちは、高1《スゴンド》と高3《テルミナル》の時に確かに印象に残りましたが、地理学を好きにさせるほどではありませんでした。当時、私には非常に経済向きの科目に思えたのです。私はCのバカロレア〔数学・物理〕を取りました。

高等教育での私の学生時代の続きは、数学への反発でした、それは決して苦手科目ではありませんでしたが。私の両親は、HEC（高等商業専門学校）か獣医学校（生物学の成績がかなり良かったので）の入学準備をすることを望んでいました。最後の最後で、私はルイ・ル・グラン高校で古典的な文系の準備学級（第2章注1参照）に行くことを決めました。私はラテン語や文学、哲学、その他の好きな科目を勉強したかったのです。文系がよいと思ったのは、オプションの形でしか専門が決まっていなかったことです。なぜ地理学というオプションを選んだのか。それは、他の道が就職の際に難しくなると知っていたからです。またおそらく地理学が私を受け入れてくれたからです。私にはそれが最も重要でした。

80年代の半ばごろのことでした。地理学の先生としてジェラール・ダシエがいました。それは決定的な出会いで、私の同期生たちも影響を受けたに違いありません。最初の授業の一つですでに、彼はアンドレ・ショレ〔「はじめに」注7参照〕の要素の束という考えや、ポール・ヴィダル・ド・ラ・ブラーシュ〔「はじめに」参照〕の可能論を地理学に特有の二つの説明モデルとして指摘していました。それは私自身の関心によく合っていたことで、ためらいのない決定論への強い抵抗でした。この先生はそのうえカリスマ的な人物で、彼の授業は受けるのが楽しいものでした。

私は1985年から88年まで彼の授業を受けました。一緒に習った人物として、クレール・アンコックは地理学への共通の関心をめぐって友情が芽生えました。私たちは、ライバル心を持たずに、ユルム通りの高等師範学校《エコール・ノルマル》への入学試験の準備をしました。彼女自身も、別の国をフィールドとする地理学者になりました。

高等師範学校《エコール・ノルマル》には、私は地理学者になるために入り、そうであり続け、道を変える必要を見いだすことはありませんでした。地理学の修士を取り、地理学の教授資格《アグレガシオン》を取り、最後に地理学の博士論文を書くことは明らかでした。修士の最後に1年休んだにせよです。

私が地理学者を志したことは、それでも人が地理学者に抱くイメージにおいて逆説的でもあります。私は方向音痴なのです！　また、場所を覚えるのが苦手です。空間を分析するのに地図を必要とするのと同じくらい、都市のなかで自分がどこにいるのかをつかむためには地図を使うことができないのです。逆に、フィールドワークは私には問題ではありません。

この欠陥を知っているからでしょうか？　私の両親はずっと不思議がっていました。私が地理学へのキャリアを始めた時、母はまだ私にこう聞いたものです。「じゃあ結局、あんたはいつ本当の仕事を得られるの？」弁護すれば、家族環境はアカデミックな世界には属していないのです。

学生時代

優等生だったにもかかわらず―コリアンでは「ヨルシミ・ハダ」と言います―私は自分が学校の勉強向きにはできていないと思っています。私は授業に出るのが好きではなく、論文や理論書を読むより探偵小説を読むほうがずっと好きでした！　カンファレンスに出たり、仲間の話を聞いたりするのが好きになったのは、最近です。

高等師範学校《エコール・ノルマル》に入った日、私たちはマリアンヌ・バスティードの歓迎のあいさつを聞く権利がありました。著名な中国研究者で、私にとって決定的な影響がありました。彼女が言うには、私たちは4

年間、国から報酬が受けられるとのことでした。その恩恵を受けるには、学問分野のなかに閉じこもるのではなく、旅をして、別のことばを学ぶことが必要でした。それは私がしたいと願っていたことでした。

学部として、私はパリ第Ⅳ大学に登録しました〔第2章注2参照〕。なぜこの大学か。恐らく、単純に、ユルム通りから近かったからです。私はその政治的方向性、保守性には無関心でした。修士は、また別の意味で重要な時でした。私は学部の授業を受けたジャン＝ロベール・ピットのところで修士を過ごしました。当時、彼は朝鮮半島に関心をもち始めており、すでにアラン・ドリサン（現EHESS朝鮮センター長）の論文を指導していました。

私はソウルの街路について研究することを選びました。なぜこのテーマか。もうわかりません。逆に、この都市の選択は偶然ではありませんでした。父がそこで仕事をしていたことがあり、韓国人の同僚に出会い、その人が家族を連れて私の家に来たのです。それは私が準備学級できちんと勉強する機会を得たこの国への関心を強めました。（地理学の試験のテーマの一つは、日本と四つの竜でした。台湾、シンガポール、香港、そして韓国です。）こうして私は韓国について修士で勉強し、言語を学ぶという具体的な考えをもちました。ノルマルでの最初の年から、私は学部と並行して国立東洋言語文化学院〔INALCO〕にも登録していました。修士のあと教授資格《アグレガシオン》を取るつもりだったので、修士の2年を1年に集中することができるかを聞いたところ、そうなりました。

修士論文の書類を提出してすぐに、私は韓国に向かいました。この最初の滞在は、高層住宅現象との出会いの機会で、私のDEA（高等研究免状）と博士論文の対象となるものでした。

その間、教授資格試験《アグレガシオン》がありました。試験は同時に有用でもありました。なぜならそれは教養を完成させる機会ですし、詰め込み式の勉強にいかに立ち向かうかを示してもいるからです。とはいえ私は、友人のアンコックと相互援助の精神で準備したので、いい思い出をもっています。私はまた他の将来の地理学者と固い友情を結ぶことができました。教授資格《アグレガシオン》が取れると、私は高等師範学校《エコール・ノルマル》と外国の大学の交換プログラムを利用して、1年の休学を選択しました。私はアメリカ合衆国のバークリー校に行き、フランス語の講師をしました。それは本当に後から見れば本筋からずれた時期でした、なぜなら私は韓国の研究を中断したからです。せいぜい修士論文をもとに書いた英語論文が1997年に『韓国研究（*Korean Journal*）』のなかに発表され、地理学科の博士論文のゼミに出席していただけです。

1992年から93年のDEAの年に、私はもう一度韓国や韓国の言葉と向き合いました。同じ年、私は韓国の言葉と文明の上級資格を取りました。DEAは高層住宅について書かれたことをレビューし、統計を集めることを目的としていました。続いて、博士論文があり、私はそれに1994年から99年まで費やしました。それは穏やかな朝の国〔韓国〕への長期の滞在を必要とし、私は複数の奨学金（ティエール財団、ジャン＝ヴァルター・ゼリージャ奨学金、国民教育省、韓国の奨学金）のおかげで費用を賄うことができました。

地元を遠く離れて暮らすことは問題ではありませんでした。子どものころから慣れていたからです。修士論文のための最初の6か月の滞在の時に、私は複数の人とコンタクトをもって、もう一度きた時には困難なく家を見つけることができるようにしました。友達の友達の韓国人女性と共同生活をしましたが、最初彼女のことは全く知らなかったのです！　私たちはすぐに仲良くなりました。最初、彼女が読むフランス語と、私が話すわけのわからないコリアンと、英語の奇妙なミックスで意思疎通をしました。最後には、コリアンだけになりました。この韓国女性のおかげで、私はこの国の習わしや慣習に素早くなじみました。

地理学への貢献

未踏の研究テーマ：韓国の高層住宅

私の博士論文の目的は、なぜ韓国の都市景観がこんなに標準化されており、どのぐらいこの国やその首都が高層住宅に征服されるままになっているかを理解することでした。人が強調する最初の説明は、不動産と住宅問題でした。実際、高層住宅は人口密度が高いことからアジアの他の国でも同様に発達しており、また文化的な理由から山岳地帯にはあまり投資がなされていないこともありました。（山は聖なるものを喚起するのに対し、平野や水の流れは人間の領域なのです。）それでも、この説明は私には満足のいくものではありませんでした。高層住宅は韓国の都市社会においてあまりに重要になったので、厳密に人口学的なものとは別のところで意味を成しているはずだったからです。それが少なくとも私が博士論文のなかで論証しようとしたことです。韓国では、高層住宅は都市の増大の産物なだけでなく、経済の近代化の道具でもあったのです。高い階数の建造物は、重要な建設部門の躍進を可能にしました。社会的な側面では、高層住宅は中間階級の発展に貢献しました。それは建築的な側面において近代性に近づく主な仲介物なのです。私が今、形にしてきているのは、少なくともこんな具合です。建設から何年たっても、そこに住むことは社会的成功のしるしとなるまでによく受けとめられ続けていました。

私は自分の仕事が、思い込みによって都市の形態による決定論への信念が蔓延する（社会的紐帯の危機があると、高層住宅のせいだと思う）フランスの状況に、翻って光をあてられると気づきました。実際、宿命的なものはないのです。フランスの高層住宅が抱える問題は、この都市形態自体の論理に内在するものではなく、政治的であると当時に社会的でもある危機の烙印です。別のことばでいえば、高層住宅だけが都市の危機に責任があるのではないのです。確かに、私たちは都市をつくる仕方を再考する必要がありますし、都市研究者や建築家をその議論に招きます。しかし、都市は政治的、社会的、経済的文脈の産物でもあり、その文脈は都市をはみ出すこともあります。高層住宅といった、同じ都市的形態が、その国の文脈や所有権へのアクセス方法によっては同じ効果を生まないということです。（韓国では、高層住宅の居住者はその家の所有者です。）

私の仕事にオリジナリティがあるとしたら、それは主に韓国研究者、とくに文学や歴史の教育を受けた人たちによって研究されてきたこの国への、断固として地理学的なアプローチにあります。しかし、それは私には韓国について地理学を行う以上のものでした。この国を研究することは、私たちの地理学概念を問い直す機会でもあったからです。

間文化的で学問分野を越えたアプローチ

それから、私は異なる学問分野や国籍の研究者によって使用される概念についての真の研究を含むという意味で、はっきりと文化横断的で学問分野を越えるプロジェクトをたくさん行っています。最近では、非常に地理学的な概念である地域（région）をめぐるプロジェクトは、フランスと韓国の歴史学者や考古学者との研究にまでつながっていきました。それは、私のような地理学者に、地理学者は他分野の研究者に対してこの概念を本質的に地理学的だと認めさせるほど研究してこなかったことに気づかせるものでした。また地理学者同士でも着想が異なることを認めなければなりませんでした。韓国の研究者にとっては、地域とはまずは政治行政的な現実であるのに対し、他の私たちのようなフランス人にとっては、それは歴史的な遺産なのです。

影響を受けた人

強く印象づけられたか、影響を受けた研究者は三つのカテゴリーに分かれます。

修士から博士、その先まで、ずっと指導してくれた、J-R・ピットにはじまる景観の専門家です。私は彼の『フランス文化と風景』（Tallandier・1983年）を推薦します、先史時代から現在まで、都市と農地の景観の変化をたどったものです。（彼は、景観とは地理的現実の被膜、氷山の一角だと言っています。）私は今も自分の論文を彼に読んでもらっています。準備学級の授業で知ったオギュスタン・ベルクも同様にリストに入れなければなりません。ピットの勧めで、私は彼のEHESSでの講義に出席しました。出版されたばかりの『都市の日本』（1993年）を読みました。私は『日本、空間の管理と社会の変化』（Gallimard・1976年）や『空間の日本文化』（PUF・1982年）そして日本の著者の貢献を受けた、フランスと日本の都市性を比較した『都市の質』（日仏会館、1987年）もお勧めします。私は西洋近代に発する物質的な形態が日本社会に導入された影響に関する彼の省察に感銘を受けました。それは私の韓国の景観についての研究にとって有益でした。

その他の景観の重要な専門家にジル・ソーテルがいます、アフリカ研究者（1998年他界）で、現在のアフリカ研究センターの創設者であり、人類学者のジョルジュ・バランディエと研究を行っていた人です。残念ながら、私は彼の講義には一度も出ませんでしたが、『ヘロドトス』誌に1978年に掲載された彼の論文に非常に心打たれました。「共謀としての景観」です。彼が言うには、文化を理解するには、それぞれの人間グループとの共謀関係に入らなければならないのです。

高等師範学校《エコール・ノルマル》の先生のなかで私が感謝しているのは、ジャック・ブランです。都市の専門家で、彼の作品では『住宅と居住についての知の状況』（カトリーヌ・ボンヴァレとマリオン・スゴーと共編、La Découverte）を推薦します。

最後に、ジョエル・ボンメゾン（1997年他界）がいました。Orstom（海外科学技術研究所）の元研究者で、パリ第Ⅳ大学に来たので、私がATER〔Attaché temporaire d'enseignement et de recherche、フランスの助教にあたる〕だったときに会うことができました。非常に面白い人でした。ソーテルの論文を教えてくれたのは彼でした。当然、私はヴァヌアツについての彼の文化地理学の研究をお勧めします。

それから、アジアの研究者たちがいます。ベルクのほかに、開いた精神でアジアからアフリカまで渡ったピエール・グルー〔第1章注4参照〕がいます。『米と文明』(Fayard・1984年)のなかで、彼は湖南の農民の例から始め、稲作がモンスーンに由来するだけでなく、つまり気候決定論でなく、経済合理性だけでもなく(経済性でいえば、それは最良の解決策ではないのです)、その生産様式に由来しており、稲作に専心する社会の社会的枠組みに寄与していることを示しました。この枠組みという概念のほかに、「文化的偏流」という概念も私たちは彼に負っています。それによれば、文化は経済的見地からは合理的でない選択に向かうほど社会に浸透しているというのです。かれはまた家庭の世界にも関心をもっていました。彼はこういっています。「家は文明の縮図である」。この引用は韓国についての私の研究で常に頭にありました。

最後に、文化の研究者たちです。すでに引用した

ピナ・バウシュの振り付け

小さいころから、私はダンスが好きで、自分でも早くから始めました。ですので、ピナ・バウシュの作品にふれます。このドイツの振り付け師は、Tanztheater《タンツテアター》(ダンス劇場)というコンセプトを展開しました。それは場所を劇場の場面とセリフに振り分ける振り付けです。15年ほど前から、彼女の振り付けは地理的な経験を考慮しており、その経験は別の文化、とくに都市の文化の発見からなっています。私が非常に残念に思っていることの一つは、ソウルについての彼女の2005年の振り付けを見損ねたことです(私はアメリカにいました)。しかし、ブラジルを描いた「アグア」は見ました。毎回、ピナ・バウシュはコスチュームや舞台装置と同時に、しぐさや日常の生活品からその国を思い起こさせるようにしています。リアリズムについての迷いは彼女にはありません。ある国の、ある都市の雰囲気をつかもうとする意志だけがあります。たとえば、トルコはハマムを通じて表現されましたが、それは一人の女性ダンサーが自分の撒く水をもてあそびながらするダンスのステップを踏むことで示唆されています。

地理学者のほかに、アメリカの人類学者であるクリフォード・ギアツ。彼の『文化の解釈学』[1]（1973年出版）は博士論文の時、私のバイブルでした。この本の導入の中で、彼は人類学者の立場について書いていています。彼によれば、「〔人類学者は〕ばかげた問いで知的な人々をうんざりさせる」。フィールドワークやインタビューをしながら、私は自分の立場を考えてみる必要がありました。彼はその助けになりました。

私は自分の地理学の学生をそこに導くことについては、ためらいがあります。なぜなら、それは個人的な何かだからです。たとえ後から見れば、まさに空間のなかの身体への省察をもって、私の地理学への関心がダンスへの愛着につながっていることに気づくとしてもです。

現在の地理学をどうみるか

私は人が言うほど地理学が危機にあるとは感じていません。逆に、私はそれを非常に豊かで多様であると考えています。そのうえ、私は地理学者の新しい世代の到来を見ています。英語をよく習得し、旅行をする可能性を十全に利用している人たちです。この点から、私は若い地理学者を国際的な場、とくに英語圏に開かせたポール・クラヴァルのような地理学者の役割が重要だと思っています。他方では、イデオロギー論争は静まりました。50年代から70年代に地理学者の間の対話の邪魔をしかねな

1　訳書に『文化の解釈学』（吉田禎吾・中牧弘允・柳川啓一・板橋作美訳、岩波書店、1987年）。

かった対立の射程をちょっとした政治的な良心が静めたのでしょう。

地理学は完全な権利をもった学問分野の一つとしてアカデミックな世界で承認されています。他の国では同じではありません、たとえばアメリカには地理学部はほとんどありません。学問分野はテーマで再配分されています。カルチュラル・スタディーズ、アーバン・スタディーズ、ジェンダー・スタディーズ…。

他方、私はフランスの地理学者が国際的な会議ではあまり目立っていないことを心配しています。ほかの世界では、私はしばしば韓国研究の世界においてフランスの地理学のたった一人の代表者です。正統な地理学よりも文化的な分野に属するフィールドによって私の見方が偏っていることは確かです。私はアジアを専門とする地理学者か、韓国の専門家と常時仕事をしています。私が地理学に足場を強くおいていても、私は人類学者や歴史学者とのやり取りによって学問分野を越えるところにいつもいるからです。

2005年から2006年にかけて、私はCNRSの派遣団に招かれ、招聘研究者としてコロンビア大学のアジア研究所のコリアン・スタディーズの研究グループに合流することを許されました。そこでは北朝鮮を専門とする歴史家と研究をしました。私はまたフィラデルフィアのペンシルヴェニア大学の韓国研究者のグループにも加わりました。これらの大学には地理学科は一切ありません。どちらにおいても、私は地理学者であるよりも韓国研究者と見られていたのです。

ヴァレリー・ジュレゾーの主要著作

Séoul, ville géante, cités radieuses, CNRS éditions, 2003.

その他

« Façons de manger, façons d'habiter dans la Corée contemporaine », in *Le Voyage inachevé* ... Hommage à Joël Bonnemaison, Éditions de l'Orstom, 1998.

« Les très grandes villes de la 'péninsule coréenne», in Pierre Bruyelle (dir.), *Les très grandes concentrations urbaines*, SEDES, Dossier des Images Économiques du Monde, 2000.

« Séoul, vitrine du développement sud-coréen », in Élisabeth Dorier-Apprill (dir.), *Les très grandes villes dans le monde*, Éditions du Temps, Questions de géographie, 2000.

« Les tanji sud-coréens: des grands ensembles au cœur de la ville », in Frédéric Dufaux et Annie Fourcaut (dir.), *Le Monde des grands ensembles*, Creaphis, 2004.

訳者解題に代えて

立見　淳哉

本書は、学術書のような「客観的」な言葉で語る類の書籍ではなく、フランス地理学者たちの私的な経験や本音をインタビューに基づき紹介したものである。そのため、通常の訳書に見られるようなきちんとした訳者解題ではなく、私の個人的な経験も踏まえたごくラフな内容でもなんとかお許しいただけるのではないかと思う。

当初、荒又美陽さんから翻訳のお声がけをいただいた時、フランスを海外フィールドにしていながら、フランス地理学をあまりにも知らずにいたので、少しは目くばりをしておきたいというのが、企画に参加させていただいた主な動機だった。

少し言い訳をしておくと、フランスにおいては私が主たる専門にする経済地理学はあまり活発ではない。2003年、博士学生だった折に、パリ第I大学の経済地理学者・ジョルジュ・ベンコ先生のもとに一年間留学したが、ベンコ先生が経済地理学としては数少ない著名な研究者であることを周辺から聞いたのを覚えている。経済地理学事情に詳しい方なら、日本でも知られるGREMI（イノベーティブ・ミリューに関する欧州研究者グループ）や近接性学派のメンバーがいるではないかと思われるかもしれないが、いずれも経済学者である。

そのこともあって、私はフランスでは経済学者（しかも異端派経済学のコンヴァンショナリスト）とばかり交流してきたのだが、経済学からの経済地理学の認知度は驚くほど低く、ベンコ先生の名前はレギュラシオン理論のアラン・リピエッツの共同研究者として知られているが、経済地理学自体の知名度は皆無と言っていいような状況であった。これは誇張ではなく、空間経済学でも都市計画でもないことを説明するのに今でも苦労している。地域経済学関連のある本に寄稿させていただいた折には、自己紹介の欄に経済地理学者と書いて送ったはずが、出版時には「都市計画と空間整備の専門」と書き改められていたのが、上記の事情と地理学に対するイメージを物語っている。このようなわけで、（はずかしながら）フランス地理学に関する知識はないが、「一体どうなっているんだ」という思いはあったのである。

いずれにせよ、そんな感じでやる気にはなったが、結果的に、なかなか翻訳と向き合えず、作業を大幅に遅らせてご迷惑をおかけするはめになった（荒又さん、学文社の落合さんすみません！）。しかし、実際に読んでみると自身の経験ともオーバーラップして非常に納得がいくし、面白い。フランスの地理学に強い興味を覚えた。本書自体は各人各様に自由な読み方ができるのだが、私にはとくに、人文・社会科学のなかで地理学の学術的・制度的な位置づけをなんとか得ようとする、各研究者たちの試行錯誤と格闘の姿が印象的だった。

事実、本書の研究者たちの多くが地理学との出会いを肯定的には語っていない。むしろ実際の教育課程で学んだ内容の「つまらなさ」への言及が目立つのである。彼らは、それでも地理学の何か（未知の世界と旅への憧憬であったり、他の学問分野にはない総合性であったり）に魅力を感じて、あれこれの手法を取り入れたり、方法論を確立しようとしたり、他の学問分野との連結をはかったり、教授資格試験《アグレガシオン》を始めとする制度改革に乗り出したり、「役に立つ」ところを見せようと空間整備（aménagement）分野での政策提言を積極的に行ったり、一般向けの周知に注力したりといった努力を行ってきたのである。何か、日本における状況とも重なって見えるのである。

ところで、なぜ彼らがそうせざるをえなかったのか、ということだが、これにはフランス地理学、こういってよければ、日本を含む地理学一般がおかれていた状況がかかわってくる。したがって、この辺りの事情について、本書を楽しく読んでいただくうえでの参考情報の一つとして、改めて触れておくことにしたい。地理学の専門家にとってはおそらく周知の内容で、それに不十分な説明かもしれないことをあらかじめお断りしておく。

まず、フランス地理学（もちろんその影響力を考えると日本も無縁ではない）の特徴として、19世紀末から20世紀初頭にかけて活躍した、ヴィダル・ド・ラ・ブラーシュ（1845–1918）とその教え子たち（ヴィダル派あるいはフランス学派）の教義というものがある。教科書的にいえば、地域のモノグラフィー（地誌 géographie régionale）を通して、人間と自然環境の関係を総合的に描き出そうとする立場である。日本の授業では、後述の環境可能論（possibilisme）とあわせて紹介されることも多いだろう。

少し硬い話になるが、そもそも地理学は、少なくともカール・リッター（1779–1859）以降、人間と環境の相互作用と、その結果として生じる空間（地域）分化に関心を寄せてきた。しかし、人間と環境をそれぞれどう定義し、その関係をどのように捉えるのかについては自明ではなく、大きな論争点ともなってきた。その古典的かつ極めて重要な論争が、環境決定論（ラッツェル）vs.環境可能論（ヴィダル・ド・ラ・ブラーシュ）である。

前者の立場に立つドイツの地理学者・ラッツェル（1844–1904）は、近代地理学の創始者で、当時学会を席巻していたダーウィンの進化論に立脚しながら人間を生物学的にとらえた。地理学を神学的な目的論から切り離し「近代的」な科学として定位した一方、人間と環境の関係については、もともと生物学の出自ということもあって自然科学志向が強く、環境優位の立場を取った。

ヴィダル・ド・ラ・ブラーシュの『人文地理学原理』（１９２２年：翻訳は１９４０年、岩波書店）の訳者である飯塚浩二（1906–1970）によると、ラッツェルにおいては、「人類について方法論上他の生物と同様の待遇を与えることを強調」し、（生命そして人類の）「かかる運動と自然諸条件とのあいだの関係は、まさに、波と岩との関係にたとえられた」（『人文地理学原理』上巻「解題」、14―15頁：強調は筆者）。すなわち、「一定の形態の岩にあたって波浪はいつも同じ形に砕け去るように、一定の自然条件は生命の運動にたいしてつねに同一の道を指定する、それにたいして永続的にまた同一の意味において制限であり条件であり、そしていつまでも繰り返してそうなる」（同、15頁：飯塚によるラッツェルの引用）。これが、地理学への「機械論的・力学的な方法」であり、人間に固有の能動性の余地をもたない、環境決定論と称されるアプローチである。

これに対し、ヴィダル・ド・ラ・ブラーシュは、ラッツェルから多くを学びながらも、きわめて重要な革新をもたらしたとされる。再度、飯塚の言葉を借りれば、「われわれをめぐって存在する諸事物は、かく呼ばれるゆえんを反省すれば明らかであるように、われわれの交渉から全然独立に、それ自体において完了した存在を保っているのではなくて、かえってわれわれとの交渉において初めてその存在し方を顕現する」（同、16頁）[1]。自然環境ないしは諸事物は、ある生物とりわけ人間の交渉の仕方に応じて、さまざまな意味をもちうるというのである。人間にとって環境は決定条件ではなく、選択しうる多くの可能性のセットを提供する存在である。

　加えて重要な点は、他の生物と異なり、「われわれ人類はその肉体の生理的な機能を通じて自然と交渉をもつと同時に、また、社会的な生産過程（技術）を媒介として自然と交渉している」（17頁）と考えることにある。人間は「社会的・歴史的な」存在であって、自らが作り出す、特定の技術（や信念など）を介しても環境と相互作用する。ここに歴史的変化を生み出す、人間に固有の能動性の余地が生まれる。やや乱暴かもしれないが、換言すれば、歴史的・社会的に形成され変化する技術などの媒介要素を導入することで、従来の地理学の問題設定と人文・社会科学とのインターフェースを、そして「機械論的」ではない、人間と環境のより複雑な相互作用関係へのパースペクティブを切り開いたといって良い。

　そして、ヴィダル・ド・ラ・ブラーシュが、こうした考えから生み出した研究手法が地域のモノグラフィー（地誌学）であり、これによって、自然から社会・文化・歴史までの相互関連をトータルに

1　なお、事物にあたるフランス語としてobjetがあるが、この言葉は対象という意味ももつ。客観的な事物であると同時に、主体によって認識される対象である。ここでの飯塚の記述が、フランス語のobjetとして事物をとらえているか不明だが、そう思わせる書き方である。

理解しようとしたのである。今日からみても、自然科学と人文社会諸科学を横断し、主体と環境の複雑な相互作用を捉えようとする、非常に野心的で刺激的な構想である！（ここに、主体と構造の相互規定関係をめぐる議論、さらには近年の事物の実在を踏まえたＡＮＴのようなアプローチと通底する問題設定をも看守することができると感じるのは筆者だけであろうか）。

　しかしながら、残念なことに、本書に所収の研究者たちが生きる時代にあっては、上記のヴィダル派によって主導された地域のモノグラフィーを作成するスタイルは、あまりにも定型化され、他の諸学と比べて学問としての方法論的な厳密さを欠くように見える状況となっていたようである。巻末の用語解説（本訳書では割愛）を見ても、地誌学が、既存の分類項目に従って地形・気候・植生・人口などを区別していくだけのものとなり、１９５０年代にはその「陳腐化したアプローチ」が批判されていたとされる。おそらく、日本でも似た様な感じで、私も学生時代には、「ちり（地理）ちりばらばら」「ちりも積もれば地理となる」といった、愛着を込めつつも自虐的な言い回しを一世代、二世代上の人から聞かされたことを覚えている。

　とはいえ、ヴィダル派のお膝元で、また教授資格試験《アグレガシオン》など大学制度（試験）も整備されたフランスにあって、知的窮屈さを強く感じる状態だったことは想像に難くない。そのなかで、本書の研究者たちは、上記のようなフランス地理学の初期の構想を他の学問分野との対話を通じてなんとか学術的に表現し、また地理学の手法を刷新しようとしてきたといえるのではないだろうか。そして、ある人は新古典派経済学を、またある人はマルクス主義や複雑系科学を、といったように、あらゆる理論的立場を活用していったのである。

私はこれまで、現代地理学を形成してきた「新しい地理学」[2]以降のさまざまな試みが、結局のところ、伝統的な地理学の否定の上に成り立っているような気がしていた。そして、そうであるならば、個別のテーマごとに関連の学問領域に身を置いて、一貫した方法論的立場でもって空間の問題に取り組んだ方が明快なのではないか、と思うこともあった。

しかし、たとえばフランスにおいて「新しい地理学」を牽引したポール・クラヴァルにしても、その後の1968年世代に属するドゥニーズ・ピュマンにしても、その基本的なスタンスを古典的な地理学が立てた、上述してきたような野心的な目論見のなかに求めている。ピュマンは、「私は、イノベーションを起こしたというのではなく、地理学をその当初から特徴づけてきた問いのなかに自らを位置づけたと言っているのです」と語り、クラヴァルに至っては、「人文地理学のあまりにひどい状況に驚」きつつも、「私が苦労して明らかにしたことはすでにヴィダルの作品のなかにあったこと」を明らかにしている。

彼らがやろうとしてきたことは、方法論的な厳密さと引き換えに他の諸学が失ってきたものなのかもしれない。初期の地理学の構想は、彼らの関心を引き受けつつも、その実行に伴う困難ゆえに、彼らに不断の試行錯誤の努力を求めざるをえなかったのであろう。私自身、本書の研究者たちと同じく他の学問分野に魅力を感じ、地理学との間で一度は迷ったこともある身としては、それでもなお、地理学にこだわってしまう理由がなんとなくわかった気がしたのである。

2　1950年代から60年代にかけて英語圏を中心に興隆した、計量的手法を用いて法則性を追求するアプローチの総称。クラヴァルは新古典派経済学に基づき、経済地理学の刷新を試みた。

訳者あとがき

『私はどうして地理学者になったのか』はカヴァリエ・ブルー社から２００７年に発行された。フランスで進路を考えている高校生や大学生が読むように、高校卒業資格であるバカロレアの後、どこで勉強ができるのか、どのような職業に就く可能性があるのかなどが最後に示されている（訳出せず）。同じシリーズに、化学者、物理学者、哲学者などがあるが、社会学や歴史学は少なくとも今のところ出版されていない。それは、一般的なイメージがあるにもかかわらず（あるいはあるからこそ）、地理学とは何か、地理学を学ぶとはどういうことかという問いが、日本と同じようにフランスでも簡単ではないことを示している。

この本では、12人の地理学者がインタビューに応え、自分の生い立ちや学生時代の経験、そしてそれぞれの研究内容を話している。１９３０年代生まれから60年代生まれまで、さまざまなきっかけで地理学を選び、その時々の課題に取り組んでいる。本書「はじめに」にもあるように、偶然であったり、ほかの選択肢がなかったり、地理学を積極的に選んだ人ばかりではない。それでも、地理学が魅力的で、可能性にあふれた学問分野であるという信念をもっているところに特徴がある。

私自身も、地理学を選んだのには偶然の要素が強い。大学入試のころに憧れていた社会史の先生が学長になってゼミをもたないことになり、ゼミ紹介の場に行き、先輩たちが楽しそうにしていた地理学教室を予備知識がないまま見学に行ったという経緯がある。大学院でも、一度は社会学の方が近いのだろうかと考えたことがあったが、地理学会のおおらかさと包摂的な雰囲気に惹かれ、この分野に集中することにした。その意味で、本書の地理学者たちには親近感を覚える。

原書は、フランスでの調査の折に書店で山積みにされているのを見つけて購入した。フランスでちょうど新しい学年が始まる9月だったので、学生たちが教科書などを買いに来たついでに手に取ったのではないかと想像する。そのような本として、当初は書評を書こうと考えていた。しかし、忙しさにかまけて後回しにしたまま、6年が経過した。再度手に取ったのは2013年に国際地理学連合の地域カンファレンスが京都で開かれたことがきっかけだった。本書でも紹介されているジャン＝ロベール・ピット先生が基調講演を行い、また高野山での巡検にも参加したのである。彼の著書にはすでに触れていたが、高野山で夫妻と親しく話す機会を得たことによって、ふと本書を思い出し、京都で一緒に過ごした日本の研究仲間への紹介のために訳出し始めた。

訳し始めるとすぐに、コンパクトな中に彼の地理学や研究対象への思いが詰まっていることに気づくことになった。さらに、フランス留学中に指導教授だったオギュスタン・ベルク先生、東京の国連大学のカンファレンスでお会いしたポール・クラヴァル先生など、順不同に訳し進めていくと、学問的な環境が当初からあった人、なかった人、エリートコースを進んだ人とそうではなかった人のように、今は著名な地理学者たちがさまざまな経緯で学問と向き合ったことが見えてきた。著書で読み取るのは時には困難な、それぞれの研究の達成もわかりやすく語られている。研究仲間にも促され、何とか日本語版を出版できないかと考えるようになった。経済分野や地理学史的な知識の不足を痛感しため、経済地理学がご専門の大阪市立大学の立見淳哉さんに共訳者になってもらうことをお願いした。

これだけの良書であれば出版はたやすいかに思ったが、それほど簡単に出版社が引き受けてくれるものではないことも知ることになった。地理学会の他分野への影響力の弱さもあるだろう。カヴァリエ・ブルー社のマリー＝ローランス・デュブレイさんは翻訳権をすぐに認めてくれ、出版に向けて見本として一章を学術誌に掲載することも無償で許可してくれた。それをもって、地理学への理解が深い学文社編集者の落合絵理さんが話をきいてくれ、学文社が正式に引き受けてくれることになった時には、心から感謝した。出版が具体的なスケジュールに載った２０１７年には、アンスティテュ・フランセの出版助成も受けられることに決まったが、その過程でも日仏双方のお二人の編集者には英語の書類を作成していただくなど、本当にお世話になった。ここに記して感謝したい。

本書の魅力は、大きく二つに分けられる。一つは、すでに述べたように、12人のフランスの地理学者の研究内容がコンパクトに示されていることである。原書は名前のアルファベット順に並んでいたが（最初がBailly、最後がVeyretというように）、本書はフランスの出版社の許可を得て生年順に並べた。それにより、フランス地理学の関心の変化も年代を追ってみることができるようになった。もっと知りたいと思えば、紹介されているフランス語文献に当たることもできれば、検索して英語で紹介されているものを探すこともできる。かなり見つかるはずである。

日本語訳があるものについては可能な限り示すことにしたが、この作業の過程で、日本の地理学会がいかにフランス地理学から学ぼうとしてきたかを改めて知ることとなった。本書で紹介されている12人のすべてに翻訳があるわけではないが、彼らが言及している地理学者の多数について、すでに日本語訳が存在していた。それも第二次大戦前から現在まで途切れることなく続いている。中心になってきたのは、以前は東京大学、そして筑波大学、現在は九州大学などである。最近、九州大学の地理学図書コレクションを拝見する機会があり、フランス地理学分野の蔵書の潤沢さに感動した。本書で紹介されている地理学の学術誌はすべてそろっており、研究書はここで紹介されているもの以外にも新旧多数が渉猟されている。日本でフランス地理学を研究する土台は先輩たちが用意してくれている。

本書のなかでは紹介しされなかったが、フランス地理学の動向の研究も日本語で数多く発表されている。一部記しておきたい。

手塚章「フランスにおけるコレーム地理学の展開とその問題点」『地誌研年報』5、1996年、21—34頁

手塚章「フランスの地理学」『地学雑誌』121—4、2012年、617—625頁

野澤秀樹「エリゼ・ルクリュの地理学体系とその思想」『地理学評論』59—11、1986年、635—653頁

野澤秀樹『ヴィダル・ド・ラ・ブラーシュ研究』地人書房、1988年

野澤秀樹『フランス地理学の群像』地人書房、1996年

本書の地理学者は意図的に新しい世代を含めており、フランス地理学の全体像を示すものではない。その他のフランス地理学者の著作の日本語訳についてもここに一部記しておく。

ディオン、ロジェ『ワインと風土―歴史地理学的考察』（福田育弘訳）人文書院、１９９７年
フェーブル、リュシアン『大地と人類の進化―歴史への地理学的序論』（飯塚浩二・田辺裕訳）岩波書店（文庫・青・上下巻）１９７１―１９７２年
ベルドゥレイ、ヴァンサン「主体の問題と地理学」（ダニエル・ラプラス＝トレチュール、グザヴィエ・アルノー・ド・サルトルと共著）（荒又美陽訳）『空間・社会・地理思想』17号、２０１５年、41―57頁
リポール、ファブリス「空間を領有すること…あるいはその領有に異議を申し立てること？―現代社会運動の一視点」（遠城明雄訳）『空間・社会・地理思想』14、２０１１年、69―81頁

フランス地理学の研究を続けてこられた多くの日本の地理学者の学恩の上に本書の出版があることをつくづく感じることになった。もし本書を最初に読まれたなら、続いてここで紹介しているような著作にあたってほしい。

本書のもう一つの魅力は、地理学の研究内容とそこに至る過程の多様性が示されていることである。地理学というと、山や川の名前、産業や資源などを暗記する科目と思われることが多い。中等教育の地理と大学の地理学の乖離は多くの研究者が指摘するところであり、また一般には地政学や環境決定論的な社会の理解など、地理学者のかかわりが薄いところにむしろ関心が強い。本書は、地理学者たちが実際には何を研究しているのかの一端を示すものである。

本書の地理学者たちが取り組んでいる課題は、フランス地理学だけではなく、日本を含めた世界の

地理学者たちが模索しているものでもある。「フランス地理学者からのメッセージ」という副題は、原稿がほぼそろった段階での立見さん、落合さんとの打ち合わせのなかから出てきたもので、地理学に少しでも関心があるすべての人に手に取ってほしいという願いを込めている。そこには、地理学の豊かさと関心の広さ、そしてそれゆえの困難が表れている。多くの人に読んでもらうため、フランス語のニュアンスを伝えることを優先し、あえて定訳を外したところもある（「生きる空間」、「都市間システム」など）。ご批判を待ちたい。

最後に、本書の出版を最初から応援してくれた研究仲間、成瀬厚さん、杉山和明さん、二村太郎さん、『都市地理学』（10号、2015年）への見本の訳出を薦めてくださった阿部和俊先生、出版社をご紹介くださった加賀美雅弘先生、相談に乗ってくださった編集者の皆様、たくさんの個所について意味の取り方を考えてくださったダミアン・エザンベさん、早い段階で原稿を読んでくださった大城直樹先生、草稿での授業のなかで意見を出してくれた東洋大学2016年度地理学Ｂ４の受講生の皆様、見本の訳出について『人文地理』（68―3、2016年）誌上で取り上げてくださった島津俊之先生、出版を地理学史的研究の成果として励ましてくださった福田珠己先生、コリアンの発音についてご教示くださった文貞實先生、校正の段階でお忙しいなか共訳者とすべきほどたくさんのご指摘をくださった遠城明雄先生、そして改めて、校正の段階で膨大な修正に長時間かけて辛抱づよくご対応くださった学文社の落合さんに、ここにお名前を記して感謝したい。訳語や注、参考文献などの責任の一切は訳者にあるが、本書が出版にこぎつけることができたのは支援してくださった皆様のおかげであると心からお礼を申し上げたい。ありがとうございました。

２０１７年８月

訳者の一人として　荒又　美陽

【編者紹介】

シルヴァン・アルマン

ジャーナリスト。パリ政治学院修了，修士(歴史学)取得。『もう一つの経済(*Alternatives économiques*)』誌に寄稿。カヴァリエ・ブルー社『私はどうして…シリーズの』監修。著書に『人種差別を問う』(ドミニク・シュナペールと共著，ガリマール-教育社，2000)など。

【訳者紹介】

荒又　美陽(あらまた　みよう)　(担当：はじめに，1～6，9，10，12)

東洋大学社会学部准教授。人文地理学。博士(社会学，一橋大学)。主要業績に『パリ神話と都市景観―マレ保全地区における浄化と排除の論理』(単著，明石書店，2011年)，『世界と日本の移民エスニック集団とホスト社会』(共著，明石書店，2016年)など。

立見　淳哉(たてみ　じゅんや)　(担当：7，8，11)

大阪市立大学大学院創造都市研究科准教授。経済地理学。博士(地理学，名古屋大学)。主要業績に『認知資本主義―21世紀のポリティカル・エコノミー』(共著，ナカニシヤ出版，2016年)，『図説　日本の都市問題』(共著，古今書院，2016年)など。

Cet ouvrage a bénéficié du soutien des Programmes d'aide à la publication de l'Institut français. (本書は、アンスティチュ・フランセ・パリ本部の出版助成プログラムの助成を受けています。)

私はどうして地理学者になったのか
—フランス地理学者からのメッセージ—

2017年10月20日　第1版第1刷発行

編　者　シルヴァン・アルマン
訳　者　荒又美陽
　　　　立見淳哉

発行者　田中　千津子
発行所　株式会社 学文社
〒153-0064　東京都目黒区下目黒3-6-1
電話　03（3715）1501（代）
FAX　03（3715）2012
http://www.gakubunsha.com

印刷所　新灯印刷

ISBN978-4-7620-2739-0